AF545364

77 HERZFENSTER
Geschichten, die gut tun

Willi Hoffsümmer (Hg.)

77 *Herzfenster*

Geschichten, die gut tun

Patmos Verlag

Allen, die mich in so vielen Jahren
unterstützt und beraten haben

Für die Verlagsgruppe Patmos ist Nachhaltigkeit ein wichtiger Maßstab ihres Handelns. Wir achten daher auf den Einsatz umweltschonender Ressourcen und Materialien.

8. Auflage 2022

Verlagsgruppe Patmos in der Schwabenverlag AG, Ostfildern
www.patmos.de
Erstmals 2009 mit gleichem Titel im Matthias Grünewald Verlag erschienen

Umschlaggestaltung: Finken & Bumiller, Stuttgart
Umschlagabbildung: Aus: Johann Wilhelm Weinmann, Eigentliche Darstellung … gewachsener Bäume, Stauden, Kräuter, Blumen, Früchte und Schwämme, Regensburg 1735 © Württembergische Landesbibliothek
Druck: GGP Media GmbH, Pößneck
Hergestellt in Deutschland
ISBN 978-3-8436-0318-8

Inhalt

Vertrauen macht stark

Zerbrochenes kann heilen

Verzeihen ist die größte Liebe

Offen sein für Überraschungen

Licht in dunkler Nacht

Vorwort

Leidenschaftlich sammle ich jetzt schon über dreißig Jahre lang Geschichten. In ihnen spiegeln sich unsere Erfahrungen, unsere Welt, unser Leben.
Darum ist es nicht zufällig, dass ich Ihnen in meinem einhundertsten Buch auch Geschichten erzähle, die innere Fenster aufstoßen, die Ihr Herz berühren können und Sie leichter über die Hindernisse des Tages hinwegkommen lassen. Und vielleicht gelingt es dabei sogar, dass darüber Herz und Sinne »tanzen« lernen.
Es ist so, wie es in einer chassidischen Legende heißt: Mein Großvater war lahm. Einmal bat ich ihn, mir Geschichten aus seinem Leben zu erzählen. Da erinnerte er sich daran, wie der große Baalschem beim Beten zu hüpfen und zu tanzen pflegte. Mein Großvater stand auf und erzählte, und wie er sich so erinnerte, riss es ihn mit einem Mal so hin, dass er hüpfte und tanzend zeigen musste, wie der Meister es gemacht hatte. Ja – und von der Stunde an war er geheilt!

So ein wenig davon wünsche ich Ihnen auch.
Ihr

Willi Hoffsümmer

Liebe lässt uns leben

1
GOTT SCHUF DIE LIEBE

Am Abend des fünften Tages betrachtete Gott sein Werk.
Er hatte das Licht von der Dunkelheit und das Land vom Wasser getrennt. Er hatte Sonne, Mond und die unendliche Weite des Alls geschaffen. Auf der Erde ließ er junges Grün hervorsprießen. Alle Arten von Tieren bevölkerten das Wasser, den Himmel und das Land. Gott betrachtete alles und er sah, dass alles sehr gut war.
So wurde es Abend und es wurde Morgen, sechster Tag.
Am Morgen des sechsten Tages sprach Gott: »Nun will ich mein Werk vollenden. Ich möchte etwas schaffen, das über die ganze Welt herrschen soll. Etwas, das mächtiger ist als alles Getier der Erde, größer als die Weiten des Alls und prachtvoller als alle Arten von Pflanzen.« So schuf Gott am Morgen des sechsten Tages die Liebe.
Gott hielt die Liebe in seiner Hand und segnete sie. Gott betrachtete die Liebe, und er sah, dass sie sehr gut war. Dann sprach Gott: »Diese meine Liebe möchte ich in

die Herzen der Bewohner der Erde legen. Sie soll sie leiten und führen.«

So machte sich Gott auf, seine Liebe in die Welt zu bringen.

Zuerst begegnete Gott dem Löwen. Gott sprach: »Löwe, du bist der mächtigste unter den Tieren, dir will ich meine Liebe schenken – du, der König der Tiere, sollst meine Liebe spüren und in meiner Liebe wohnen.«

Der Löwe fühlte sich sehr geehrt und bedankte sich zunächst artig. Dann, nach längerem Betrachten der Liebe, sagte er aber schließlich: »Herr, deine Liebe ist das Größte, was ich je gesehen habe. Ich möchte auch nicht undankbar erscheinen, aber dennoch möchte ich dich bitten, deine Liebe an jemand anderen zu verschenken. Ich bin es nicht wert! Bedenke, man nennt mich mit Recht den König der Tiere, denn ich bin mächtiger als alle anderen Tiere. Ich bin gefährlich und schnell, meine Zähne sind scharf, deshalb gebührt mir der Respekt aller Tiere. Deine Liebe aber ist gut, sie zeigt keine Zähne. Sie fürchtet sich nicht, Liebe übt keine Macht aus, deine Liebe ist gütig. Ein Löwe darf keine Güte kennen. Die Liebe ist sanft. Ich aber bin ein Raubtier.«

Gott erkannte die Weisheit in den Worten des Löwen. Er nahm die Liebe zu sich und machte sich weiter auf die Suche.

Auf einer kleinen Waldlichtung entdeckte Gott ein großes Volk von Waldameisen. Gott betrachtete ihr aufopferungsvolles geschäftiges Treiben. Jede Ameise setzte sich in den Dienst des ganzen Volkes. Jeder für jeden – keiner wurde alleine gelassen. Gott gefiel die Gemeinschaft der Ameisen, er zeigte ihnen die Liebe, mit der er sie reich beschenken wollte.

Da Ameisen alles gemeinsam beschließen, wurde eine große Ameisenkonferenz einberufen, an deren Ende die Ameisenkönigin vortrat: »Herr, wir Ameisen sind die fleißigsten Geschöpfe unterm Himmelszelt. Wir sind klein, aber alle zusammen könnten wir die Liebe tragen und weitertragen. Aber, Herr, sieh, wir arbeiten den ganzen Tag – rasch und schnell muss alles vorangehen. Liebe aber braucht Zeit. Liebe hetzt nicht und sie lässt sich nicht hetzen. Die Liebe ist langmütig. Sie ist geduldig und sie lässt sich nicht unterordnen. Sieh unseren Bau! Ein Sturm kann ihn heute hinwegfegen und morgen in alle Winde verwehen. Deine Liebe ist fest. Sie steht beständig. Wahre Liebe ist jedem Sturm gewachsen und erträgt alle Not.«
Gott nahm die Liebe und machte sich weiter auf die Suche.
Ganz am Ende der Welt, dort wo das Meer die Erde zu verschlingen schien, besuchte er die alte Meeresschildkröte. Sie war der älteste Erdenbewohner. An Weisheit, Erfahrung und Ruhe reicher als alle anderen Geschöpfe. Die Meeresschildkröte besann sich lange über das reiche Geschenk Gottes. Dann aber legte sie es zurück in seine Hände. Sie wies auf ihren Panzer und sagte ruhig und bedacht: »Mein schützender Panzer ist hart und kalt, in ihm sind meine Lebenslinien gezeichnet und eingeprägt. Liebe aber sprengt alle Panzer, niemals ist sie hart. Wo Kälte wohnt, bringt sie Wärme. Liebe ist nicht fest, Liebe will geformt und angelegt werden. Liebe lässt sich nicht vorherbestimmen, sie lässt sich nicht aufzeichnen oder einprägen. Liebe lässt sich nicht aufbewahren oder archivieren. Sie lebt nur im Jetzt. Deine Liebe muss heute

gelebt sein. Die Liebe braucht weder Alter noch Weisheit. Liebe braucht Mut, sie heute zu leben.«
So suchte Gott den ganzen Tag, ohne dass er seine Liebe auch nur ein einziges Mal wirklich verschenken konnte.
Am Abend des sechsten Tages dann sagte Gott: »Eigens für meine Liebe will ich Geschöpfe schaffen als mein Ebenbild. Sie sollen die Erde in meiner Liebe bewohnen.«
So schuf Gott am Abend des sechsten Tages den Menschen, als sein Ebenbild schuf er ihn. Als Mann und Frau schuf er sie. Gott schenkte ihnen die Liebe und segnete sie. Er übergab ihnen die Erde mit all ihren Geschöpfen. Dann sprach Gott: »Liebt diese Erde und liebt einander, verschenkt die Liebe und wohnt in meiner Liebe.«
So wurde es Abend und es wurde Morgen – siebter Tag.
Am siebten Tag betrachtete Gott sein Werk und sah, dass alles sehr gut geworden war. Gott betrachtete die Liebe und sah, dass sie ohne den Menschen nichts war. Und er sah, dass der Mensch ohne die Liebe nicht sein konnte. Gott erkannte, dass das sehr gut war. So wurden Himmel, Erde und Liebe vollendet und ihr ganzes Gefüge.
Am siebten Tag ruhte Gott, nachdem er sein ganzes Werk der Liebe vollbracht hatte.

2

DER ALTE GÄRTNER UND DER KÖNIG

Zu einer Zeit, in der die Menschen noch ihren Träumen trauten, lebte ein König glücklich und zufrieden. An dem Abend aber, an dem unsere Geschichte ihren Anfang nimmt, am Abend vor seiner Hochzeit, war er sehr aufgeregt. So sehr er es auch versuchte, der König konnte kaum einschlafen.

Als es ihm dann doch gelang, fiel er nur in einen leichten Schlaf und träumte: Er sah ein ganzes Königreich. In dessen Mitte befand sich ein Labyrinth, in dem er sich selbst und seine junge Frau erkannte. Mit den Jahreszeiten veränderte sich das Bild. Der Winter kam, das Frühjahr und der Sommer. Und wieder und wieder erschien das Königspaar, das sich seinen Weg durch das Labyrinth suchte. Nur waren die beiden merklich älter geworden. Gleichzeitig wuchs aus dem Labyrinth ein Rosenstock hervor. Seine Dornen standen spitz gegen den Himmel. Die Rosen erblühten und verblühten, der Winter kam, das Frühjahr. Der Rosenstock begann wieder Knospen zu treiben, bis an einem sonnigen Tag neue Blüten aufbrachen. Dann war es, als ob der König wie von ferne eine Stimme hörte: »Nur wer Lachen und Weinen, Liebe und Leid erfahren hat, wird wirklich glücklich werden.«

Frühmorgens erwachte der König unausgeruht. Er erinnerte sich seines merkwürdigen Traumes und sann darüber nach, was er wohl zu bedeuten habe. Aber er vermochte das Geheimnis alleine nicht zu entschlüsseln.

So beschloss er, den alten Gärtner aufzusuchen. Der war ein lebenskundiger Mann und wusste ihm wohl Antwort zu geben, zumal die Rose eine so wichtige Rolle in seinem Traum gespielt hatte.

»Eine Rose«, wiederholte der Alte nachdenklich, »keine Blume ist so reizvoll, so voller Leben, und keine Blume ist gleichzeitig so widerspruchsvoll. Man kann sich an ihr erfreuen und ihre Schönheit bewundern, aber man kann sich auch empfindlich an ihren Dornen verletzen. Die Rose ist so geheimnisvoll wie das Leben selbst. Vielleicht liegt sie uns Menschen deshalb so am Herzen. Von alters her drücken Liebende ihre Zuneigung durch das Zeichen der Rose aus – das ist sehr klug. Die Menschen haben große Worte, aber wie viel klarer und eindringlicher redet manchmal eine einzige Blume über die Wahrheit des Lebens.«

»Aber was sagt sie denn?«, fragte der König ungeduldig.

»Das ist nur schwer mit Worten zu erklären«, antwortete der Alte. »Man muss es mit dem eigenen Leben erfahren.«

Darauf führte der Gärtner den König in seinen Garten und zeigte ihm zwei Rosenstöcke. Zunächst waren sie kaum voneinander zu unterscheiden. Sah man jedoch genauer hin, dann erkannte man, dass der eine Stock keine Dornen hatte, während der andere voll davon war.

»Diese Rosen ohne Dornen sind solche, wie wir Menschen sie züchten«, erklärte der Gärtner. »So wie wir Rosen ohne Dornen züchten, so möchten wir auch leben: ohne Schmerzen und Verletzungen, ohne Leid und Tränen. Aber das Leben ist anders. Es kann weh tun und Wunden schlagen. Nur der kann wirklich lachen, der auch gelernt hat zu weinen. Ebenso kann nur der wirklich lieben, der weiß, wie schmerzhaft Liebe sein kann. So wie in unserem Leben Lachen und Weinen, Lieben und Leiden zusammengehören, finden sich auch am Rosenstock Blüten und Dornen. Deshalb ist die Rose das Zeichen für die Liebe, die Himmel und Erde miteinander verbindet.«

Darauf schwieg der Alte eine Weile, bis er eine besonders schöne Rose vom Strauch mit den Dornen schnitt und sie dem König schenkte: »Nehmt diese Rose, sie wird euch begleiten. Ihr habt Zeit, viel Zeit. Euer gemeinsames Le-

ben muss wachsen und reifen wie die Blumen und Bäume. Wenn eine Rose in deinem Traum aus dem Labyrinth erwuchs, ist dies ein bedeutungsvolles Zeichen. Das Labyrinth ist euer gemeinsamer Lebensweg. Und wenn er auch noch so unübersichtlich scheint, geht ihn in Liebe – leidenschaftlicher Liebe, die den anderen leiden kann. Was zwei Menschen nämlich wirklich verbindet, ist nicht allein das Schöne, das sie gemeinsam erleben, sondern auch Schwierigkeiten, die miteinander gemeistert, Schmerzen, die gemeinsam ertragen, und Tränen, die für- und miteinander geweint werden.
Mit dem alten Zeichen der Rose wünsche ich euch nicht ein Leben ohne Dornen und Wunden. Das gibt es nicht. Aber ich wünsche euch, dass ihr euch auch dann noch liebevoll annehmt, wenn ihr euch weh getan habt.«

3

AUGENFENSTER UND HERZFENSTER

»Lieber Mister Gott!
Heut schreib ich Dir über meinen Freund Fynn. Es gibt ja welche, die nicht genau wissen, wie Fynn ist, und das find ich traurig, weil Fynn, das ist der beste Mensch von der Welt. Er ist sehr groß und stark, aber er ist trotzdem sehr nett und sehr lieb. Er kann mich mit Schwung in die Luft werfen und dann auch wieder auffangen. Wie ein schöner Baum aus Mensch ist er. Aber das weißt Du ja auch.
Fynn sagt, wenn man in einem Haus wohnt, wo die Scheiben ganz schmutzig sind, und guckt raus, dann meint man, die Welt draußen ist so schmutzig, dabei ist sie es

gar nicht. Und wenn man von draußen reinguckt ins Haus, dann denkste, es ist innen ganz schmutzig, aber das stimmt auch nicht. Es sind immer nur die Fenster, die schmutzig sind. Und Fynn sagt deshalb nämlich, dass alle Menschen zwei verschiedene Arten von Fenstern haben: die Augenfenster, davon haben sie zwei, und das Herzfenster, davon hat jeder nur eins. Die Augenfenster sind da, um rauszugucken, und das Herzfenster ist da, um nach innen reinzugucken. Wenn man weint, sagt Fynn, dann ist das nicht nur wegen was Traurigem. Es ist auch dafür, dass man mal die Augenfenster putzen muss. Wenn sie dann sauber geworden sind von den Tränen, kann man besser durchgucken, und dann ist die Welt wieder viel heller als vorher.

Manchmal guck ich lieber durchs Herzfenster wie durch die Augenfenster. Weil, draußen kenn ich bald alles, was es zu sehen gibt. Aber wenn ich durchs Herzfenster nach innen reinguck, da seh ich immer Neues. Bei mir auch. Denn von innen, sagt Fynn, kennt sich niemand so gut, wie er seinen Garten kennt oder die Leute von gegenüber. Und das ist, weil das Herzfenster aus anderem Glas ist. Nach draußen, durch die Augenfenster, siehste meistens klarer, findet Fynn. Aber ich glaub, ich seh mit dem Herz besser.«

(Anna)

4
MIT DEN AUGEN DER LIEBE SEHEN

Wenn ein Stammesmitglied der Babemba aus Südafrika ungerecht gewesen ist oder unverantwortlich gehandelt hat, wird es in die Dorfmitte gebracht, aber nicht daran gehindert, wegzulaufen. Alle im Dorf hören auf zu arbeiten und versammeln sich um den »Angeklagten«. Dann erinnert jedes Stammesmitglied, ganz gleich welchen Alters, die Person in der Mitte daran, was sie in seinem Leben Gutes(!) getan hat.

Alles, an das man sich in Bezug auf diesen Menschen erinnern kann, wird in allen Einzelheiten dargelegt. Alle seine positiven Eigenschaften, seine guten Taten, seine Stärken und seine Güte werden dem »Angeklagten« in Erinnerung gerufen. Alle, die den Kreis um ihn herum bilden, schildern dies sehr ausführlich.

Die einzelnen Geschichten über diese Person werden mit absoluter Ehrlichkeit und großer Liebe erzählt. Es ist niemandem erlaubt, das Geschehene zu übertreiben. Und alle wissen, dass sie nichts erfinden dürfen. Niemand ist bei dem, was er sagt, unehrlich oder sarkastisch.

Die Zeremonie wird so lange fortgeführt, bis jeder im Dorf mitgeteilt hat, wie sehr er diese Person als Mitglied der Gemeinde schätzt und respektiert. Der ganze Vorgang kann mehrere Tage dauern.

Am Ende wird der Kreis geöffnet, und, nachdem der Betreffende wieder in den Stamm aufgenommen worden ist, findet eine fröhliche Feier statt.

5
VOM WUNDERLICHT

Sonnenstrahlen erfreuen unser Herz. Der schönste Sonnenstrahl ist, wenn uns einer liebt oder uns lobt oder uns verzeiht.

Ein König war blind geworden und durchlebte traurige Tage. Da träumte er eines Nachts von einem wunderbaren Licht, das unter den Menschen verborgen sei und ihm alle Blindheit nehme.

Sofort schickte der König seine Kinder los, um das Wunderlicht zu suchen. Der älteste Sohn brachte nach langer Zeit Gold und edle Steine, die in der Sonne herrlich glänzten. Der König freute sich darüber; aber das Wunder blieb aus.

Der zweite Sohn brachte einen mächtigen Spiegel, der die Sonnenstrahlen in den Thronsaal spiegelte und mit schönstem Licht erfüllte. Der Vater spürte die prächtige Helligkeit, aber das Wunder blieb aus.

Schließlich kehrte die Prinzessin zurück. Sie trat zögernd und mit leeren Händen vor den König und sagte: »Lieber Vater! Ich habe das Wunderlicht nicht finden können, aber ich möchte dir von der Herzlichkeit erzählen, der ich überall begegnet bin: Dein Volk liebt dich von ganzem Herzen und sieht in dir einen guten Freund, der sich um alle bemüht. Diese Zuneigung möchte ich dir weitergeben wie ein Licht, das dein Herz erleuchten soll.«

Dann umarmte sie ihn und küsste ihn auf beide Augen. In dem Augenblick durchströmte den König eine Welle der Freude und des Glücks und er rief: »Danke, mein Kind, mein Volk hat mir meine Blindheit weggeküsst!«

6
DER FREUND

Einst reiste eine Karawane zu den Märkten Bagdads und Kairos. Sie lagerte auf ihrem Weg eine Nacht vor den Toren Basras und lud am Morgen ihre Schätze auf, um weiterzuziehen.

Aus der Stadt war ein Kaufmann namens Abid ben Muhamed hinausgegangen und hatte die Hälfte seiner Reichtümer den Freunden für einen ledernen Beutel voller Edelsteine gegeben. Er schickte seinen Sohn zu seinem Freund Khalid, dem Juwelier, und ließ ihn bitten, er möge kommen und schätzen helfen.

Sie prüften, fanden keinen Fehl an den Steinen und ließen zwischen ihren Fingern den Glanz der funkelnden Köstlichkeiten spielen, in denen alle Wunder der Welt gefangen schienen: das Blau des Himmels, die flutenden Farben des Meeres, das spritzende Sonnengleißen eines Wassersturzes, die schwere Goldglut des Weines, prunkendes Vogelgefieder. Abids Sohn saß bei ihnen und hielt nach der Lehre des Vaters die Augen offen und die Lippen geschlossen.

Als Abid hinausging, seinen Laden zu verriegeln, sprang die Gier in Khalids Seele auf und stellte sich vor seinen Verstand und sein Herz. Er schob die Steine wie mit einer müßigen Gebärde durcheinander und glaubte die Blicke des Knaben zu täuschen, als er einen davon in den Ärmel seines Gewandes gleiten ließ. Doch war das Diebesspiel dem Sohn des Kaufmanns nicht verborgen geblieben.

Aber er sagte nichts, auch nicht nach der Rückkehr des Vaters. Erst als Khalid Abschied genommen hatte mit den

Worten: »Du hast mit diesem Kauf dein Vermögen verdoppelt, Abid!«, sprang er auf und sagte: »Einen Freund hast du gerufen, Vater, ein Dieb ist gegangen.« Er erzählte, was er gesehen hatte, und drängte seinen Vater, zum Kadi zu eilen, ehe der falsche Freund den Raub verbergen könnte.

Abid aber blieb sitzen und sah vor sich zu Boden. Und da die Ungeduld des Sohnes zum Aufbruch drängte, sagte er: »Was denkst du, wird Khalid zugeben, ein Dieb zu sein?«

»Gewiss nicht«, antwortete der Knabe rasch.

»Du hast Recht und dann hast du aus einem Dieb noch einen Lügner gemacht.«

»Aber man wird den Stein bei ihm suchen!«, beharrte der Knabe. Der Vater wies ihn ab: »Glaubst du nicht, dass man einen Stein, so groß wie der Nagel eines Fingers, in der Zeit eines Augenzuckens so verstecken kann, dass kein Kadi der Welt ihn findet?«

»Wenn man ihn fände, was würde mit Khalid geschehen?«

»Sein Gut würde ihm genommen und ihm die linke Hand abgehauen. Und er müsste weiter stehlen, um sein Leben zu fristen, nur weil er einmal der Versuchung erlag.«

Da sagte der Sohn: »So gehe und sprich mit ihm, dann gibt er dir den Stein zurück.«

Der Alte aber fragte: »Wie hoch war der Wert des Steines?«

»Tausend Dinare.«

»Und was gilt dir mehr: tausend Dinare oder die Freundschaft eines Mannes? Gewiss, er würde mir den Stein zurückgeben, aber mit Wangen, die rot vor Scham sind, und die Scham, die wir aus dem Herzen rufen, schließt uns seine Tore für immer. Wenn er nicht mein Freund wäre, könnte ich wohl deine Weg gehen.«

»Aber ist er noch dein Freund, wenn er an dir zum Dieb wird?«

»Er war es durch die doppelte Länge deines Lebens«, antwortete ihm der Vater. Vielleicht ist er in Not gekommen, ohne dass wir es wissen; oder seine Wünsche haben das Herz krank gemacht. Hat er je einen Freund so nötig gehabt wie in dieser Stunde? Sollte ich mich da von ihm wenden? Wer könnte der Arzt seines Herzens sein, wenn nicht sein Freund? Wäre ich das, wenn ich nicht alles versuchte, ihn zu heilen?«

Und er teilte die Steine, die noch vor ihm lagen, zu zwei gleichen Teilen, nahm den einen Teil, tat ihn in den Beutel, gab ihn seinem Sohn und sagte: »Geh damit zu Khalid und richte ihm aus: ›Mein Vater bittet dich, dieses Geschenk als das eines Freundes anzunehmen, und es nicht dadurch wertlos zu machen, dass du ihm dankst.‹«

7

ICH WERDE ALLE AN MICH ZIEHEN

Nach einer alten Legende hing Jesus mit weit ausgebreiteten Armen am Kreuz über dem Hochaltar. Die Gemeindemitglieder wollten dem Auferstandenen, der sich für sie hingegeben und den Tod besiegt hatte, aus Dankbarkeit und zum Zeichen seiner Macht eine kostbare Krone anfertigen lassen, die sein Haupt zieren sollte. So geschah es auch.

Eines Tages kam ein Dieb in die Kirche und entdeckte bei seiner Suche nach wertvollen Schätzen die schöne Krone

auf dem Haupt des Gekreuzigten. Er kletterte auf den Altar, trat mit einem Fuß auf den Nagel, der durch die Füße des Gekreuzigten getrieben war, und griff nach der Krone.
In diesem Augenblick brach der Nagel durch das Gewicht des Diebes ab, so dass er den Halt verlor und abzustürzen drohte. Er hätte sich leicht das Genick brechen können, wenn der gekreuzigte Christus nicht plötzlich seine Arme vom Kreuz gelöst hätte, um den Dieb zu umarmen und festzuhalten.
Den Mann durchzitterte es, als er erkannte, wie groß die Liebe Gottes ist; sie ist größer als seine Gerechtigkeit.

8

LIEBE KANN DAS STÄRKSTE EIS TAUEN

Ein japanisches Märchen erzählt: Oschoo war der Sohn braver, fleißiger Fischersleute. Er war ein guter Fischer und half seinen Eltern bei der Arbeit, wo er nur konnte, und als seine Eltern alt und schwach wurden, war er ihre einzige Stütze. Er schützte sie vor allem Mangel.
Weil er immer freundlich war, kauften alle Leute der Umgegend ihre Fische bei ihm, und jedermann hatte ihn gern. Reicher geworden kaufte er sich oben im Gebirge einige große Teiche mit herrlichen Karpfen. In einem harten, strengen Winter aber, als alle Teiche fest zugefroren und dick mit Eis bedeckt waren, erkrankte seine Mutter. Eines Tages sagte sie zu Oschoo: »Ich werde sicher sterben, aber wenn ich nur einen Karpfen aus deinen Teichen hätte, so könnte ich vielleicht noch einmal gesund werden.«

Oschoo war sehr traurig über die Worte seiner Mutter. Er wusste, wie dick das Eis auf den Teichen lag; aber er sprach: »Ich gehe sofort, Euch einen Fisch zu holen.« Er nahm eine Axt über die Schulter; aber der Wind pfiff so eisig vom Gebirge herunter, dass er wenig Hoffnung hatte, das Eis mit der Axt zu durchschlagen. Oschoo warf sich klagend auf das Eis, und dann fing er an zu wimmern und zu jammern, rang seine Hände und rief den Himmel um Hilfe an.

Und siehe, plötzlich fühlte er eine große Wärme seinen Körper durchdringen, rasch streifte er sein Kleid ab und blieb nackt ausgestreckt auf dem Eis liegen, um es mit seiner Körperwärme aufzutauen. Es dauerte gar nicht lange, so taute das Eis auch wirklich, so weit wie sein Körper reichte; ja, es schwand so plötzlich unter ihm, dass er rasch wieder aufsprang und nun mit einigen Hieben die Eisdecke entfernte. Als das geschehen war, strömten von allen Seiten Karpfen herbei, und Oschoo wählte den besten und schönsten aus.

Zu Hause angekommen, kochte er den Fisch für seine Mutter, und sobald sie davon genossen hatte, fühlte sie sich wunderbar gekräftigt. Und noch ehe der Winter zu Ende gegangen, war sie wieder völlig gesund.

9

DER WEISSE ELEFANT UND DIE MAUS

Im großen Buch der Weisheit, viele hundert Jahre alt, habe ich diese Geschichte gelesen, die es mir wert erscheint, weitergereicht zu werden.

Denn nichts ist neu unter dem Himmelszelt …

Einst lebte im großen Palast des Kaisers von China der weiße Elefant. Keiner war so weiß und groß wie er. Und er war der Liebling des Herrschers und er trug den Namen »Tung-Fu«.
Sein Stall war kostbarer ausgeschmückt als selbst das Heim der Mandarine – und fünf Diener waren nur da, um ihn zu umsorgen.
Täglich wurde er von ihnen durch die Gärten des Kaisers geführt, um dort spazieren zu gehen. Und doch, der weiße Elefant langweilte sich.
Als er eines Tages nachdenklich seinen Weg durch den Garten des Kaisers nahm, sah er zu seinen Füßen einen winzigen Schatten. Als er näher hinsah, gewahrte er tief unter sich eine weiße Maus. Keine war so klein und weiß wie sie. Sie naschte soeben von den Körnern, die aus seiner Krippe gefallen waren.
Der weiße Elefant aber konnte es gar nicht fassen, dass es so etwas Zierliches gab. Er bewunderte die weiße Maus sehr.
Und dann beugte er sich vor und sprach so sanft wie nur möglich, um sie nicht zu erschrecken.
Die kleine weiße Maus sah zu dem großen Elefanten hoch, ohne sich im Geringsten zu erschrecken. Sie antwortete ohne Scheu auf seine Fragen. Sie trug den Namen »Hi-Si« und wohnte im Palast der Kaiserin. Sie hatte sich gelangweilt und war aus dem Palast geschlüpft, um endlich einmal etwas zu erleben. Sie war die Lieblingsmaus der Kaiserin.
Der weiße Elefant hörte sich alles sehr genau an. Er lauschte ihrer silbrig-piepsenden Stimme, und er wünschte sich nur eines: Sie möge nur immer weiter und weiter erzählen.

Als die weiße Maus satt war, huschte sie flink davon. Und der große weiße Elefant fühlte sich trotz der Gunst des Kaisers und seiner fünf Diener ganz verlassen.
Er dachte immer nur eines: Ob sie wohl wiederkehren möge?
Sie kam wieder. Sie aß von den Körnern und unterhielt sich mit ihm.
Und nach einiger Zeit hatte sie es nicht mehr so eilig. Sie blieb bei dem weißen Elefanten, auch wenn sie sich bereits satt gegessen hatte.
Der weiße Elefant war glücklich, wenn Hi-Si ihn besuchte, und er litt, wenn sie ihn verließ.
Tung-Fu erkannte endlich sogar, dass ihm das Leben ohne diese kleine weiße Maus nichts als eine Last sei.
Und dann begriff er, der große, weiße Elefant des Kaisers, dem niemand im ganzen Reich an Größe und Stärke glich, dass er die winzige, zierliche Maus der Kaiserin liebte, und wusste doch, dass sie zu verschieden waren, um zueinander zu kommen.
Doch der große, weiße Elefant wusste auch, dass die Liebe alles vermag. Und so zog er sich zurück in seinen kostbar geschmückten Stall, schickte die Dienerschaft hinaus und wünschte sich nun von ganzem Herzen, dass er ihr ähnlich sehen möge. Und weil er sie über alle Maßen liebte, wurde ihm der Traum erfüllt.
Noch ehe er sich recht besinnen konnte, da bemerkte er, dass das Dach des Stalles auf einmal so hoch wie das Himmelszelt geworden war. Der Stall war ein Raum von unendlichen Ausmaßen geworden und die Futterkrippe schwebte in unerreichbarer Ferne. Tung-Fu erkannte, dass er nun so winzig geworden war wie die kleine Maus, die er liebte. Er war sehr glücklich. Und er wartete.

Da hörte er auf einmal vor der Tür ein großes Rumoren. Es klang so, als wolle ein mächtiger Elefant den Stall betreten. Und so huschte er in eine dunkle Ecke, um besser beobachten zu können, was sich nun abspielen würde. Was er sah, erschreckte ihn sehr. In den Stall kam Hi-Si. Doch sie war unendlich gewachsen – sie war so groß wie ein Elefant! Der winzig kleine Elefant bemerkte, dass die unendlich große Maus ihn suchte.
Es gelang ihm kaum, sie auf sich aufmerksam zu machen. Endlich entdeckte ihn Hi-Si. Und sie beide sahen sich an und erkannten, was geschehen war.
Denn auch Hi-Si liebte ihren weißen Elefanten über alles. Auch sie hatte gewusst, dass die Liebe alle Hindernisse überwindet. Und weil sie von ganzem Herzen gewünscht hatte, so groß zu werden wie der weiße Elefant, da erfüllte sich auch ihr Wunsch.
Der winzig kleine, weiße Elefant des Kaisers und die große weiße Maus der Kaiserin erkannten, dass sie so ungleich waren wie früher. Denn das Glück in der Liebe ist so viel schwerer zu erreichen als ihr Unglück. Und doch fühlten sie beide, wie viel Kraft sie in ihren Herzen trugen, und sie wussten, dass sie eines Tages doch zueinander kommen würden. Und sei es in einem anderen Leben.
Denn wer wahrhaft liebt, versteht es auch zu warten.

10

SONNENBLUME UND SPATZ

Es war einmal eine Sonnenblume, die begann mit einem Spatz eine Freundschaft; der hatte sich vor die strahlende Sonnenblume gesetzt und sie mit offenem Schnabel bestaunt. »Wie schön du bist, wie wunderschön!«, piepste er.

»Es gibt noch viel Schönere«, entgegnete die Sonnenblume, »schau dich nur mal um!«

»Nein«, zwitscherte der Spatz bestimmt, »für mich bist *du* die Schönste!«

Nun besuchte der Spatz die Blume jeden Tag. Und die Blüte der Sonnenblume leuchtete jeden Tag ein wenig mehr. Doch dann blieb der Spatz eines Tages aus. Tage, ja Wochen gingen ins Land. Die Sonnenblume war traurig, machte sich große Sorgen. Als der Spatz dann schließlich eines Tages zurückkam, sah sie sofort, wie schlecht es ihm ging.

»Ich bin mit meiner Kraft am Ende«, piepste er ganz schwach. »Seit Tagen habe ich nichts mehr zu fressen gefunden. Ich kann nicht mehr!«

»Nein, nein«, rief da die Sonnenblume, »warte einen Moment!« Und sie neigte ihren schwer gewordenen Blütenkopf weit nach unten, schüttelte ihn, und ihre Kerne fielen auf die Erde. »Komm, pick sie auf, mein Freund, sie geben dir neue Kraft!«

Da öffnete der Spatz mit letzter Kraft die Kerne und verschlang sie. Bald fühlte er sich wieder kräftiger.

»Ohne dich wäre ich jetzt tot!«, zwitscherte er dankbar.

Aber die Sonnenblume wehrte ab: »Ich freue mich so, dass ich dir helfen konnte. Das hat auch mir wieder neuen Lebensmut gegeben. Vielleicht ist das immer so mit der Freundschaft und der Liebe: Wer gibt, empfängt auch zurück!«

11
WAS LIEBE VERMAG

Auf einem alten Friedhof im niederländischen Roermond zeigt eine Grabstätte, was Liebe vermag: Vor 150 Jahren hat hier ein Ehepaar seine letzte Ruhe gefunden, das durch seine Liebe Mauern überwand: Sie war katholisch, aus adeligem Geschlecht und Deutsche. Er war protestantisch, ein einfacher Bürger und stammte aus Amsterdam. Für die damalige Welt unerhört, überwanden sie Konfessionsgrenzen, Standes- und Landesgrenzen. Dieser Skandal wird ihnen manches Spießrutenlaufen beschert haben, zumindest Kopfschütteln.

Es war damals auch unmöglich, sie nebeneinander zu beerdigen, weil der katholische vom evangelischen Teil des Friedhofes durch eine hohe Mauer getrennt war.

Da aber fanden ihre Kinder, die in die Schule der liebenden Eltern gegangen waren, eine erstaunliche Lösung: Vater und Mutter wurden Kopf an Kopf dies- und jenseits der Mauer beerdigt; er auf dem evangelischen, sie auf dem katholischen Teil. Und ihre Grabsteine waren so hoch, dass sie die Mauer überragten. Aus ihnen heraus greifen steinerne Hände, die über der Mauer einander festhalten!

Die Grabstätte gibt es heute noch. Christliches Denkmal einer Liebe, die alle Mauern überwinden kann.

12

AUF DER SUCHE NACH DER VERLORENEN LIEBE

Franz und Margret waren seit vielen Jahren verheiratet. Eines Morgens wachten die beiden auf und schauten sich lange an. »Ich glaube«, sagte Margret, »wir haben die Liebe verloren.«

»Nun«, sagte Franz, »wenn wir sie verloren haben, dann müssen wir sie wieder finden.« »Meinst du?«, sagte Margret und schaute ihren Mann an. Es war, als sähe sie ihn mit ganz anderen Augen. War seine Nase schon immer so groß und die Falten um seine Augen, waren es immer schon so viele gewesen, und die grauen Schläfen, sie hatte sie noch gar nicht bemerkt. Eigentlich mochte sie keine grauen Haare.

Auch Franz schaute seine Margret an. »Na ja«, dachte er, »die beste Figur hat sie auch nicht mehr und ihre Augen, hatten die schon immer diese komische wasserblaue Farbe?«

»Komm«, sagte Franz, »lass uns aufbrechen, wir müssen die Liebe wieder finden.«

Franz und Margret machten sich auf den Weg, doch wo sie auch suchten, sie fanden die Liebe nicht. Aber die beiden gaben nicht auf. Zu kostbar ist die Liebe, um nicht um sie zu kämpfen. »Gut«, sagte Franz, »wenn wir uns trennen, sind die Aussichten größer, die Liebe zu finden. Du gehst in die eine Richtung und ich in die andere.« Sie machten einen Zeitpunkt aus, wo sie sich wieder treffen wollten.

Getrennt machten sie sich auf den Weg, die Liebe zu suchen. Franz war schon eine ganze Weile unterwegs, als er sich immer wieder dabei erwischte, dass seine Gedanken ständig um Margret kreisten. Er vermisste ihre Stimme, er fühlte sich, als wäre er halbiert. Margret war jemand, der ihm Sicherheit und Wärme gab. Sie war immer für ihn da. Und Margret, sie fühlte sich total verlassen; sie vermisste die Ruhe und Geborgenheit, die Franz ausstrahlte; auf ihn konnte sie immer bauen.

Beide aber gingen ihren Weg, immer bemüht, die Liebe wieder zu finden. So kam der Zeitpunkt näher, wo sich die beiden wieder sehen sollten.

Beide fieberten dem Augenblick entgegen, das Herz klopfte und im Hals saß ein großer Kloß. Sehnsucht trieb sie voran und Angst vor dem eigenen Ich ließ sie stocken.

Aber dann war es so weit, endlich standen sich Margret und Franz gegenüber, sie schauten sich lange an.

Sieht er nicht interessant aus, dachte Margret, mit seinen silbergrauen Schläfen? Und die vielen kleinen Fältchen um seine Augen, zeugten die nicht davon, wie gern Franz lachte? Und seine große Nase – versprach sie nicht Stärke und Charakter?

Und Franz, auch er schaute seiner Margret lange in die wunderbaren blauen Augen, die er jetzt wie zwei unergründliche Seen empfand. Und wie schön war ihre ausgeprägte frauliche Figur. Gemeinsam gingen sie Hand in Hand nach Hause.

Ach ja, ob sie die Liebe wieder gefunden haben? Ich glaube, sie war gar nicht verloren gegangen, vielleicht hatte sie sich nur hinter dem grauen Alltag versteckt, immer in der Hoffnung, nicht vergessen zu werden.

13
DIE REISE DES LIANG-TSUNG

Im Westen Chinas lebte ein alter Mann mit seinem Sohn Liang-tsung. Die Mutter war schon lange gestorben und so war der alte Mann für seinen Sohn Vater und Mutter zugleich. Die beiden waren arm, ihr Haus war einsam und verlassen.

Eines Tages hörten sie von einem Weisen weit weg im Osten, der den Menschen in ihren Sorgen helfen könne. Liang-tsung trug sich lange mit dem Gedanken, zu dem Weisen zu gehen, aber wie konnte er seinen alten Vater verlassen? Da forderte der Vater selbst seinen Sohn dazu auf. Er sprach zu ihm: »Höre, mein Sohn, wenn du zehntausend Li (= fünftausend Kilometer) hinter dich gebracht hast, dann ist es besser, als wenn du zehntausend Bücher gelesen hast. Gehe und frage den Weisen, wie wir unser Leben verbessern können.«

Am nächsten Morgen brach Liang-tsung auf. So wanderte er in Richtung Osten über Berge und Ebenen, überquerte reißende Flüsse und zog durch die weite Sandwüste. Tag um Tag setzte er einen Fuß vor den anderen in der Gewissheit, dass jeder Schritt ihn seinem Ziel näher brachte. Die Hoffnung auf ein besseres Leben trieb ihn vorwärts. Viele Leute nahmen ihn gastfreundlich auf, gaben ihm zu essen und zu trinken und ein Lager für die Nacht.

Einmal lud ihn eine alte Frau in ihre Hütte ein. Sie versorgte ihn wie die eigene Mutter. Als er sich wieder verabschiedete und sich herzlich bedankte, forschte sie: »Wohin gehst du, mein Sohn?« Er erzählte ihr alles. Da bat die Frau: »Stelle doch auch für mich dem Weisen die Frage, wie meine Tochter gesund werden kann. Sie ist nämlich blind und gehörlos.« Liang-tsung versprach es und setzte seine Reise fort. Nach einer langen Wanderung kam er endlich bei dem Weisen an. Eine tiefe Stimme fragte ihn nach seinem Begehr, teilte ihm aber auch mit, dass er nur eine einzige Frage stellen dürfe.

Ohne zu überlegen, fragte Liang-tsung, wie der Tochter der alten Frau geholfen werden könne. Die Stimme des Weisen gab zur Antwort: »Wenn ein Mensch sie liebt, wird sie gesund.«

Liang-tsung trat den Rückweg an. Er erreichte die Hütte der alten Frau und sah die Mutter mit der Tochter in der Stube sitzen. Er schaute aber nur auf die Tochter, denn sie war so schön wie eine eben erblühte Blume, und wer sie ansah, musste sie lieb haben. Da sprach das Mädchen mit heller Stimme: »Mutter, wer ist der junge Mann, der mich so freundlich anblickt?« Als die Mutter zum ersten Mal in ihrem Leben deutlich die Stimme ihrer Tochter hörte, konnte sie ihr Glück kaum fassen.

Das Mädchen wurde Liang-tsungs Frau und beide kehrten nun zum Vater zurück. Der Alte forschte: »Mein Sohn, bist du bei dem Weisen gewesen, was hat er geantwortet auf deine Frage?« Da erwiderte der Sohn: »Ich war bei dem Weisen, ich habe ihm aber meine Frage nicht gestellt.« Der Alte murrte.

Doch bald vergaß er zu klagen. Er sah seinen Sohn, der glücklich war mit seiner schönen Frau. Er sah, wie ihnen alles gelang, wie gut sie für ihn sorgten und wie Leben und Fröhlichkeit in das Haus zurückkehrten. Da schien es ihm, als ob der Weise doch eine Antwort gegeben habe auf die Frage, wie sie ihr Leben verbessern könnten.

14
DAS WESENTLICHE

Ein altes Märchen erzählt, wie ein junger, wissbegieriger König die Gelehrten seines Landes beauftragte, für ihn alles Wissenswerte der Welt aufzuschreiben. Sie machten sich bald an die Arbeit. Nach vierzig Jahren legten sie das Ergebnis in tausend Bänden vor. Der König, der inzwischen schon sechzig Jahre alt geworden war, sagte: »Tausend Bücher kann ich nicht mehr lesen. Kürzt alles auf das Wesentliche.«

Nach zehn Jahren hatten die Gelehrten den Inhalt der Geschichte der Menschen in hundert Bänden zusammengefasst. Der König sagte: »Das ist noch zu viel. Ich bin schon siebzig Jahre alt. Schreibt nur das Wesentliche!«

Die Gelehrten machten sich erneut an die Arbeit und fassten das Wichtigste in einem einzigen Buch zusammen. Sie kamen damit, als der König schon im Sterben lag. Dieser wollte wenigstens noch das Wesentlichste aus der Arbeit der Gelehrten erfahren. Da fasste der Vorsitzende der Gelehrtenkommission das Wesentlichste der Geschichte der Menschheit in einem einzigen Satz zusammen: »Sie lebten, sie litten, sie starben. Und was zählt und überlebt, ist die Liebe.«

Verwandlungen zulassen

15 DER LÖWENZAHN

Es war einmal ein Löwenzahn. Am Wegrand wuchs er, gleich neben der Friedhofsmauer. Um ihn herum waren lauter Artgenossen. Vieles hatten sie schon gemeinsam erlebt. Im Frühling waren sie nacheinander aus der Erde gekrochen, hatten ihre Blätter ausgebreitet und ihre Stängel neugierig der Sonne entgegengestreckt. Dann kam das erwartungsvolle Warten, als sich die Knospen bildeten, und schließlich die große Freude, als sich eines Tages die ersten Blüten entfalteten. Der Löwenzahn lachte und scherzte mit seinen Freunden und freute sich des Lebens.
Doch mit der Zeit veränderte sich seine Blüte. Was vorher strahlend gelb gewesen war, verblich und wurde zu einer weichen, weißgrauen Kopfbedeckung. Der Löwenzahn war alt geworden. Plötzlich war vieles mühsamer. Sein Stängel wurde schwächer und trotzte nicht mehr jedem

Wind. Da wurde der Löwenzahn nachdenklich. Was war nur los mit ihm?
Eines Tages kam ein Sturm auf. Zuerst war es nur ein Windhauch, der sanft über den Löwenzahn strich. Als der Wind jedoch stärker wurde, überfiel den Löwenzahn eine lähmende Angst. Verzweifelt versuchte er, sich festzuhalten.
»Du musst loslassen«, sagte der Wind. »Es wird Zeit für dich zu gehen.«
»Aber es war doch immer so schön hier. Ich möchte noch nicht fort«, stammelte der Löwenzahn.
»Komm, lass los!«, forderte der Wind, der den Löwenzahn immer stärker umwehte.
»Wird es wehtun, wenn ich loslasse?«, fragte der Löwenzahn.
»Ja«, sagte der Wind. »Aber ich werde dich nicht allein lassen. Ich bleibe bei dir und werde dich sanft weitertragen.«
»Ich habe Angst«, flüsterte der Löwenzahn.
»Das gehört dazu«, murmelte der Wind, bevor er den Löwenzahn mit aller Kraft umwehte. Da lösten sich die Samenkörner vom Herzstück des Löwenzahns und wirbelten durch die Luft. Der Wind trug sie hoch hinauf und der Löwenzahn konnte noch ein letztes Mal auf seine Wiese blicken. Dabei spürte er, wie sein alter Stängel umknickte.
Der Wind aber trug die Samenkörner weit fort, um sie schließlich behutsam auf weichen Boden sinken zu lassen. Dort blieben sie liegen, wurden vom Regen umspült und unter die Erde gedrückt.
War dies das Ende des Löwenzahns? Es sah fast so aus. Die kleinen weißen Fallschirme zerfielen und sogar die

Samenhülle begann sich in der feuchten Erde aufzulösen.
Doch im nächsten Frühjahr regte sich dort neues Leben. Langsam bohrte sich ein kräftiger Trieb durch das dunkle Erdreich. Und der Wind kam, um den Löwenzahn im Licht der Sonne willkommen zu heißen.

16
NOCH NICHT

Ein älteres Ehepaar sah sich in einem exquisiten Porzellan- und Glaswarengeschäft nach einem angemessenen Geschenk zum runden Geburtstag einer Freundin um.
»Schau mal, welch herrliches Schälchen«, sagte die Frau. Sie nahm das zarte Porzellanschälchen mit dem feinen durchbrochenen Rand, der wie Brüsseler Spitze wirkte, vorsichtig in ihre Hand.
»Danke für das Kompliment. Aber ich war nicht immer so ein feines Schälchen«, tönte es aus ihrer Hand.
»Pass auf, lass mich nicht fallen!«, sagte das Schälchen, »sonst kann ich dir meine Geschichte nicht mehr erzählen.
Ich war nämlich zuerst nur ein unansehnlicher, zäher Tonklumpen. Als ich so dalag und nichts weiter dachte, nahm mich plötzlich ein Mann in seine großen, nassen Hände. Sie kneteten und quetschten mich, dass mir die Luft wegblieb. Sie knufften und boxten mich, machten mich platt und drückten mich zusammen, dass ich in einem fort schrie: ›Aufhören! Sofort aufhören!‹
›Noch nicht!‹, sagte der Mann.

Dann klatschte er mich auf eine Scheibe, die sich wie verrückt drehte, so dass mir schwindelig wurde.
›Aufhören! Sofort aufhören!‹, rief ich. Doch alles, was ich zu hören bekam, war: ›Noch nicht!‹
Und während ich noch sausend herumwirbelte, drückte er mir seine Daumen in die Seiten und quetschte mich derart, dass ich eine ganz andere Form annahm.
Und wieder schrie ich: ›Aufhören! Sofort aufhören!‹
Doch er sagte nur: ›Noch nicht!‹
Er hielt ein spitzes Gerät in der Hand und stach unbarmherzig kleine Stücke aus mir raus. Ich schrie und jammerte: ›Aufhören! Sofort aufhören!‹ Er knurrte nur: ›Noch nicht!‹
Dann nahm er einen Draht und – ›Hilfe!‹, schrie ich – schnitt mich von meinem Rest, der auf der Scheibe blieb. Mich aber schob er in einen riesigen Ofen. Unerträglich wurde bald die Hitze, die mir in jede Pore drang. Ich meinte, verglühen zu müssen, und rief voller Entsetzen wieder und immer wieder: ›Aufhören! Sofort aufhören!‹
›Noch nicht!‹, lautete die längst bekannte Antwort.
Kurz bevor ich in Flammen aufging, nahm mich der Mann aus dem Ofen. Doch waren meine Leiden noch nicht vorüber. Eine Frau bekam mich zu fassen und schmierte mich von oben bis unten mit einer weißen Masse ein, von deren Ausdünstung mir sterbenselend wurde. ›Aufhören! Sofort aufhören!‹, keuchte ich. Doch sie lachte nur und sagte: ›Noch nicht!‹
Sie gab mich dem Mann zurück, und er steckte mich zu meinem Entsetzen wieder in seinen glühenden Ofen. Wieder flehte ich, dass er aufhören möge. Er sagte: ›Noch nicht!‹

Mir schien das Inferno noch gewaltiger als vorher. Irgendwann ging die Türe auf und der Mann nahm mich heraus. Er stellte mich zur Seite, bis ich ausgekühlt war. Eine hübsche Frau holte mich ab und begutachtete mich von allen Seiten. Sie stellte mich in ein Regal gerade neben einem Spiegel. Und da sah ich mich zum ersten Male seit dem Beginn meiner Leiden wieder. Ich traute meinen Augen kaum: Ich war kein unförmiger, hässlicher, glitschiger Klumpen mehr. Ich war schön, rein, strahlend, vollendet. Und ich jauchzte vor Freude.«

17

VOM KRUG, DER IMMER WERTVOLLER WURDE

Vor langen, langen Jahren war einmal eine große Trockenheit auf Erden: Alle Flüsse, Bäche und Brunnen waren versiegt, alle Bäume, Sträucher und Gräser vertrocknet, und Menschen und Tiere kamen vor Durst um. Da ging eines Nachts ein kleines Mädchen mit einem Krug in der Hand von daheim fort, um Wasser für die kranke Mutter zu suchen. Das Mädchen fand nirgends Wasser und legte sich vor Müdigkeit im Feld auf das Gras und schlief ein.

Als es erwachte und nach dem Kruge griff, hätte es beinahe das Wasser verschüttet. Er war nämlich voll frischen, klaren Wassers.

Das Mädchen freute sich und wollte trinken, aber da fiel ihm ein, dass es dann für die Mutter nicht reichen würde, und es lief mit dem Krug nach Hause. Es hatte es damit so eilig, dass es gar nicht ein Hündchen vor seinen Füßen bemerkte, stolperte und den Krug fallen ließ. Das Hünd-

chen winselte kläglich. Das Mädchen langte nach dem Krug.
Es dachte, nun habe es das Wasser verschüttet. Aber nein! Der Krug stand aufrecht auf dem Boden, und nicht ein Tropfen fehlte. Da goss sich das Mädchen ein wenig Wasser in die hohle Hand, und das Hündchen leckte es auf und wurde wieder ganz lustig. Das Mädchen langte wieder nach dem Krug, aber siehe: Da war er nicht mehr aus Holz, sondern aus Silber.
Das Mädchen lief mit dem Krug nach Hause und gab ihn der Mutter. Die Mutter sprach: »Ich muss ohnedies sterben, trink du lieber das Wasser!«, und gab den Krug dem Mädchen. Im selben Augenblick aber verwandelte sich der silberne Krug in einen goldenen.
Da konnte das Mädchen nicht länger widerstehen und wollte den Krug gerade an seine Lippen setzen, als ein Wanderer ins Zimmer trat und um einen Schluck Wasser bat. Das Mädchen schluckte den Speichel hinunter und reichte dem Wanderer den Krug. Und da: Plötzlich erschienen auf dem Krug sieben riesengroße Diamanten, und aus jedem floss ein großer Strahl frischen, klaren Wassers.

18

WIE BEI DER PERLMUSCHEL

Die Prinzessin Ai Ho war eines der schönsten Mädchen im Lande. Ihr Vater Kung überhäufte sie mit Geschenken seiner Liebe. Alle Frauen beneideten sie heimlich, und allen Männern war sie Gegenstand offen eingestandener Verehrung.

Da erkrankte die Prinzessin, und die Krankheit wehte ihre Schönheit fort wie der Herbstwind die Blätter der Bäume.

Als Ai Ho wieder gesund war und ihr Gesicht im Spiegel sah, wurde sie so traurig, dass sie nicht einmal weinen konnte. Sie ließ die Vorhänge vor den Fenstern zuziehen und weigerte sich, Nahrung zu sich zu nehmen. Weder das Zureden der Mutter und der Geschwister noch die Bitten des liebenden und von ihr geliebten Vaters vermochten sie umzustimmen.

Da schickte Kung in seiner Verzweiflung zu dem berühmten Weisen Mengtse und ließ ihn bitten, den Versuch zu machen, seine Tochter von dem neuen Übel zu befreien und sie dem Leben wiederzugewinnen.

Mengtse kam zu der Prinzessin und ließ sich an ihrem Lager in dem verdunkelten Zimmer nieder. Lange Zeit saß er schweigend bei ihr, den Blick unverwandt auf sie gerichtet.

Dann fragte er: »Kennt Ihr mich, Prinzessin?«

Ai Ho schwieg.

»O wie schade«, sagte Mengtse, »die Krankheit hat nicht nur Eure Schönheit verschattet, sie ist auch im Begriff, ihren Schatten über Euren Geist auszubreiten, dann werdet Ihr vollends hässlich sein.«

»So erscheine ich Euch nicht völlig hässlich?«, fragte Ai Ho.

»Ihr seid nicht hässlich, solange Ihr Seele und Geist hell erhaltet.«

»Alter Mann«, sagte die Prinzessin, »Ihr gebt einem Hungernden Steine statt Brot.«

»Ihr habt Recht. Wer den andern untätig bemitleidet, gleicht dem Manne, der einem Hungernden Steine statt

Brot gibt. Ich will Euch aber Brot geben, nur müsst Ihr es selber essen, das kann ich nicht für Euch tun.«

»Eure Worte sind dunkel«, erwiderte die Prinzessin.

»So wollen wir die Vorhänge hochziehen«, sagte Mengtse, stand langsam auf und gab dem Licht den Weg ins Zimmer frei.

»Als ob das Eure Worte erhellen könnte«, trotzte Ai Ho.

»Wenn ich Euch etwas geben will, so müsst Ihr es auch nehmen wollen. Ihr müsst mir mit Eurem Willen entgegenkommen auf halbem Wege, dann werdet Ihr statt der Steine Brot erhalten.«

»Wie das?«, fragte die Prinzessin neugierig und gespannt.

Da zog Mengtse aus dem weiten Ärmel seines Gewandes eine unansehnliche, flache, graue Muschel hervor. »Haltet Ihr das für schön?«, fragte er, indem er die Muschel auf der flachen Hand der Prinzessin hinhielt.

»Nein«, sagte die Prinzessin, »die Schale ist rau und schmutzig und sie riecht schlecht.«

Mengtse zog die Hand zurück, brach die Schalen der Muschel auseinander und hielt die so geöffnete Muschel der Prinzessin hin. Eine wundervoll schimmernde Perle bot sich ihren Blicken. »Und das?«, fragte er.

»Ja«, rief Ai Ho entzückt, »das ist wahrhaft schön!« Die Prinzessin schwieg nachdenklich.

»So lasst es mich sagen: Wir finden die Perle schön, und sie ist wertvoll, weil sie den Sieg des Guten über das Böse sichtbar zum Ausdruck bringt.«

»Wie meint Ihr das?«, fragte die Prinzessin. »Wo ist denn hier Gut und Böse?« »Krankheiten zählen wir unter die Übel, weil sie das Leben bedrohen und sogar vernichten. Seht, ein Fremdes verschaffte sich Eingang in die Muschel. Dadurch wurde sie krank. Aber das Leben wehrte sich gegen diese Bedrohung und überwand sie. Die Muschel umkleidete das Fremde, das ihr Leben bedrohte, mit dem köstlichen Schmelz, der die Schönheit der Perle ausmacht. Sie wandelte Böses in Gutes. Die Perle ist das Sinnbild der Überwindung des Todes durch das Leben. Darum lieben wir sie, darum ist sie uns wertvoll.«

»Was soll das mir?«, fragte die Prinzessin. »Ihr verspracht, mir meine Schönheit wiederzugeben.«

»Ich gebe sie Euch«, antwortete Mengtse.

»Wollt Ihr meiner spotten!?«

»Das sei ferne von mir. Ihr wart wie eine Verhungernde, ich gab Euch Brot. Essen müsst Ihr es selber, das sagte ich schon.«

»Ihr meint, dass ich …?«

»Handelt wie die unscheinbare Perlmuschel. Wandelt das Böse, das Euch zerstören will, in Eurem Herzen zum Guten um, und Ihr werdet liebenswerter sein als zu der Zeit, wo Ihr nur äußerlich schön wart.«

»Meister«, seufzte die Prinzessin, »Ihr verlangt Schweres von mir.«

»Es wird uns vieles geschenkt, aber damit es wahrhaft ein Geschenk wird, müssen wir das Unsere dazutun. Seid wie die Perlmuschel, dann seid Ihr schön, und die etwas von Perlen verstehen, werden Euch schätzen und lieben.«

So tat Ai Ho und wurde, trotz des Verlustes ihrer Schönheit, die liebenswerteste Frau ihrer Zeit.

19
OFFEN SEIN ZUR VERWANDLUNG

Es war einmal eine kleine Pfütze. Sie war von fröhlicher Gesinnung und fürchtete sich nur vor der Sonne. Wir freundeten uns trotz unserer Verschiedenheit ein wenig an.
»Grüß Gott«, sagte sie zu mir, und ich konnte nicht umhin, das als ungewöhnlich zu empfinden. Bereit, sofort meiner Wege zu gehen, falls sie mich nur hatte narren wollen, fragte ich, wie ausgerechnet sie darauf käme? Statt einer Antwort nahm die kleine Pfütze alle Kraft zusammen und spiegelte mir die ganze Weite des Himmels.
Wir führten lange Gespräche über ihren Vater, den Regen, und auch darüber, dass sie sich vor der Sonne fürchtete.
Vielleicht ist es mir gelungen, ihr diese Furcht zu nehmen.
Sie wurde sehr nachdenklich, als ich ihr von der Weite des Meeres erzählte, vom Spiel seiner Fische und der glitzernden Freude in den Wellenfalten seines alten Angesichts. Ich erzählte auch, dass das Meer die Heimat und Geborgenheit aller Pfützen der Welt sei und dass alles Leben des Meeres und der Erde aus der Sonne käme, auch das Leben der Pfützen.
Als der Abend aus dem Osten herbeieilte, als hätte er irgendein Rendezvous verschwitzt, stolperte er fast über die kleine Pfütze und mich. Wir waren so versunken in unser wortloses Gespräch, dass wir ein Teil der Landschaft geworden waren, die uns innig umfangen hielt.

Als ich einige Tage später wieder vorbeikam an der Wohnmulde meiner nassen Freundin, las ich ihre Nachricht in der tanzenden Sonnenluft: »Du hast meine Sehnsucht geweckt. Als die Sonne mich umarmte in all der neu entdeckten Zärtlichkeit, konnte ich nicht widerstehen und tanzte mit ihr empor zu den Pfaden der Wildgänse, die mir den Weg zeigen werden zum Meer. Komm bald! Und vergiss nicht … Grüß Gott.«

20 HÖHER ALS BIS ZUM HIMMEL

Von einem jüdischen Lehrer, einem Rabbi, ging die Sage, dass er jeden Morgen vor dem Frühgebet – zum Himmel aufsteige. Ein Gegner lachte darüber und legte sich vor Morgengrauen auf die Lauer. Da sah er: Der Rabbi verließ, als Holzknecht verkleidet, sein Haus und ging zum Wald.

Der Gegner folgte von Weitem. Er sah den Rabbi Holz fällen und in Stücke hacken. Dann lud der Rabbi sich das Holz auf den Rücken und schleppte es in das Haus einer armen, kranken, alten Frau. Der Gegner spähte durch das Fenster, und er sah den Rabbi auf dem Boden knien und den Ofen anzünden.

Als die Leute später den Gegner fragten, was es denn nun auf sich habe mit der täglichen Himmelfahrt des Rabbi, sagte er: »Er steigt noch höher als bis zum Himmel.«

21
MEIN KOFFER IST GEPACKT

Als Johannes XXIII. unheilbar krank war, suchten die Ärzte dies zunächst vor ihm geheim zu halten. Sie bemühten sich aus Zartgefühl, ihn zu täuschen: Es handle sich um eine Magenentzündung.
Doch er widersprach: »Mein Koffer ist gepackt!«
Der große italienische Bildhauer Giacomo Manzu erinnert sich an den Tag, an dem es dann zu Ende ging: An dem letzten Tag des langen Leidens kam Capovilla, der Sekretär des Papstes, an sein Bett. Er küsste die Hand des Kranken und fragte, wie er sich fühle. »Ich fühle mich jetzt ganz wohl. Ich bin ruhig. Ich bin beim Herrn. Aber ich mache mir auch ein wenig Sorgen.«
»Santo Padre, nicht Sie sollten sich Sorgen machen, sondern wir. Ich habe mit den Ärzten gesprochen ...«
»Und was sagen sie?«
»Santo Padre, ich will ganz aufrichtig zu Ihnen sein. Ich will Ihnen sagen, dass dies der Tag des Herrn ist. Heute sollen Sie ins Paradies gerufen werden!«
Auf den Knien liegend, brach der Sekretär in Tränen aus und vergrub sein Gesicht in den Händen. Er fühlte, wie der Papst ihm liebevoll mit der Hand über den Kopf strich, und hörte ihn sagen: »Da schau doch nur her: Mein Sekretär, sonst so stark und nüchtern, ist ganz aufgelöst. Da er doch seinem Oberen das Schönste sagt, was man einem Priester Gottes sagen kann: Heute wirst du ins Paradies eingehen!«

22
DER LEERE STUHL

Ein Priester besuchte einen Kranken in seiner Wohnung und bemerkte einen leeren Stuhl an der Seite des Bettes und fragte, warum er dort stünde.
Der Kranke antwortete: »Ich hatte Jesus eingeladen, auf diesem Stuhl Platz zu nehmen, und sprach mit ihm, bevor Sie kamen. Jahrelang fiel es mir schwer zu beten, bis mir ein Freund erklärte, dass Gebet ein Gespräch mit Jesus sei. Er riet mir, einen leeren Stuhl neben mich zu stellen und mir vorzustellen, Jesus säße darauf. Ich solle mit Jesus sprechen und seinen Worten zuhören. Seitdem habe ich keine Schwierigkeiten mehr beim Gebet.«
Einige Tage später kam die Tochter des Kranken zum Priester und gab ihm die Nachricht, dass ihr Vater gestorben sei. Sie sagte: »Ich ließ ihn ein paar Stunden lang allein. Er schien so friedlich zu sein. Als ich ins Zimmer zurückkehrte, war er tot. Etwas Eigentümliches habe ich jedoch bemerkt: Sein Kopf lag nicht auf dem Bett, sondern auf dem Stuhl neben seinem Bett.«

23
DAS ROSA TÜTCHEN

Als ich eines Tages, wie so oft, traurig durch den Park schlenderte und mich auf einer Parkbank niederließ, um über alles nachzudenken, was in meinem Leben schiefläuft, setzte sich ein fröhliches, junges Mädchen zu mir. Sie spürte meine Stimmung und fragte: »Warum bist du traurig?«

»Ach«, sagte ich, »ich habe keine Freude im Leben. Alle sind gegen mich. Alles läuft schief. Ich habe kein Glück und weiß nicht, wie es weitergehen soll.«

»Hmmm«, meinte das Mädchen, »wo hast du dein rosa Tütchen? Zeig es mir mal. Ich möchte da mal hineinschauen.«

»Was für ein rosa Tütchen?«, fragte ich sie verwundert. »Ich habe nur ein schwarzes Tütchen.« Wortlos reichte ich es ihr.

Vorsichtig öffnete sie es und sah hinein. Ich bemerkte, wie sie erschrak. »Es ist ja voller Alpträume, voller Unglück und schlimmer Erlebnisse!«

»Was soll ich machen? Es ist eben so. Daran kann ich nichts ändern.«

»Hier, nimm«, meinte das Mädchen und reichte mir ein rosa Tütchen.

»Sieh hinein!« Mit etwas zitternden Händen öffnete ich das rosa Tütchen und konnte sehen, dass es voll war mit Erinnerungen an schöne Momente des Lebens. Und das, obwohl das Mädchen noch jung war.

»Wo ist *dein* schwarzes Tütchen?«, fragte ich neugierig.

»Das werfe ich jede Woche in den Müll und kümmere mich nicht weiter drum«, sagte sie. »Für mich besteht der Sinn des Lebens darin, mein rosa Tütchen im Laufe des Lebens vollzubekommen. Da stopfe ich so viel wie möglich hinein. Immer wenn ich Lust dazu habe oder beginne traurig zu werden, dann öffne ich mein rosa Tütchen, schaue hinein und es geht mir sofort besser. Wenn ich einmal alt bin, dann habe ich immer noch mein rosa Tütchen. Es wird voll sein bis obenhin und ich kann sagen: ›Ja, ich hatte etwas vom Leben. Mein Leben hatte einen Sinn!‹«

Noch während ich verwundert über ihre Worte nachdachte, gab sie mir einen Kuss auf die Wange und war verschwunden. Neben mir auf der Bank lag ein rosa Tütchen mit der Aufschrift: Für Dich!
Ich öffnete es zaghaft und warf einen Blick hinein. Es war fast leer, bis auf einen kleinen zärtlichen Kuss, den ich von dem jungen Mädchen auf einer Parkbank erhalten hatte.
Bei dem Gedanken daran musste ich schmunzeln und mir wurde warm ums Herz. Glücklich machte ich mich auf den Heimweg.
Und ich vergaß nicht, mich am nächsten Papierkorb meines schwarzen Tütchens zu entledigen.

24

EIN KREISLAUF DER FREUDE

Eines Tages kommt ein Landwirt, den der Bruder Pförtner gut kennt. In der Hand hat er eine große Weintraube mit herrlich gelben, saftigen Beeren.
»Bruder Pförtner, ich habe die schönste Weintraube aus meinem Weinberg mitgebracht. Raten Sie mal, wem ich damit eine Freude machen will?«
Der Bruder überlegt. »Wahrscheinlich dem Abt oder sonst einem Pater, ich weiß es nicht.«
»Ihnen!« –
»Mir?« Der Bruder wird ganz rot vor Freude. »Mir? Sie haben an mich gedacht?« Er findet kaum Worte.
»Ach ja«, sagt der Bauer glücklich, »wir sprechen so oft miteinander, und ich brauche so oft Ihre Hilfe, warum soll ich Ihnen nicht mal eine Freude machen?« Und die

Freude, die er im Gesicht des anderen sieht, die macht ihn selbst innerlich froh.
Der Bruder Pförtner legt die Weintraube vor sich hin. Ach, die ist viel zu schön, um etwas davon abzupflücken. Den ganzen Nachmittag erfreut er sich an ihrem Anblick.
Dann hat er eine Idee: »Wenn ich die jetzt unserem Vater Abt schenke, was für eine Freude wird der haben!« Und der Bruder gibt die Traube weiter.
Der Abt freut sich wirklich. Und als er abends einen kranken Pater in seinem Zimmer besuchen will, da kommt ihm der Gedanke: »Den kannst du sicher mit dieser Traube froh machen.« So wandert die Traube weiter. Und sie bleibt nicht bei dem Kranken. Sie wandert immer weiter. Schließlich bringt sie ein Mönch wieder zum Bruder Pförtner, um ihm eine Freude zu machen. Er wusste natürlich nicht, dass die Weintraube von ihm ausgegangen war.
So hatte sich der Kreis geschlossen. Ein Kreis der Freude.

25 ZWEI INSELN

Es waren einmal zwei Inseln, die recht nah beieinander im Ozean lagen.
»Ich bin viel schöner«, sagte die eine Insel.
»Ich bin viel größer«, antwortete die andere Insel.
»Ich habe den längsten Strand«, sagte die eine Insel.
»Ich habe die höchsten Palmen«, erwiderte die andere Insel.

»Auf mir wachsen Sträucher, die die süßesten Beeren tragen«, sagte die eine Insel.
»Auf mir brüten die buntesten Vögel«, gab die andere Insel zurück.
Und während sie auf diese Weise miteinander stritten, verging viel Zeit. Immer mehr Sand wurde vom Ozean herangetragen und so wuchsen die Inseln Stück um Stück.
Eines Tages berührten sich die äußersten Enden der Inseln und es dauerte nicht lang, bis die beiden Inseln zu *einer* verschmolzen.
Darüber waren die beiden Streithähne sehr unglücklich.
»Wer von uns ist denn nun besser?«, klagten sie.
Es war der Wind, der ihnen antwortete: »Einzeln wart ihr beide tolle Inseln. Zusammen seid ihr die beste Insel auf der Welt.«

Vertrauen macht stark

26
DIE SCHAUKEL

Der Maler Gerd Gisder, der lange Zeit für den Film und später für das Fernsehen arbeitete, bekam einmal, nachdem er sich als freier Künstler niedergelassen hatte, von einem reichen Fabrikanten den Auftrag, das Leben darzustellen. Gerd Gisder nahm an und versprach, sein diesbezügliches Werk binnen einer Woche zu fertigen. Als nach Ablauf der gesetzten Frist der Fabrikant sich wieder bei dem Künstler meldete, war dieser gespannt, was denn auf der Leinwand zu sehen sei. Vielleicht hatte Gerd Gisder einen Baum als Lebensbaum oder einen Weg als Lebensweg oder gar Wasser als Ursprung und Quelle allen Lebens gemalt.
Der Künstler führte den Fabrikanten in sein Atelier. Auf der Staffelei stand ein Ölgemälde. Die Verwunderung des Auftraggebers über das Dargestellte war groß. Er starrte lange auf das Bild. Seine Augen schienen zu fragen: »*Das* soll Leben symbolisieren?« Der Künstler nickte und dann, als hätte er die Gedanken des Mannes erraten, erklärte er:

»Ja, eine Schaukel! Sie versinnbildlicht für mich am besten das Leben!« Und er zeigte auf eine Schaukel, die nicht starr nach unten hing, sondern Anlauf nahm zum Aufschwung.
Er führte dann aus: »Sitzen Kinder oder Verliebte darauf, ist sie ständig in Bewegung wie alles Leben. Ihr Prinzip ist das Auf und Ab; gleich den Höhen und Tiefen, die in jedem Dasein vorkommen.«
Nach einer Pause setzte er hinzu: »Wenn man es sehen will, hat das Leben mehr Höhen als Tiefen.«
Dann schwieg er länger und meinte nach der Pause mit fester Stimme: »Aber auch, wenn ich ein Tief durchmache, habe ich die Gewissheit, dass ich gehalten werde.«

27

INS HERZ GELANGEN

Der Schriftsteller Julien Green (1900–1998) fragte nach Gott und suchte ihn in allen großen und kleinen Ereignissen seines Lebens. Und er schrieb darüber auf vielen tausend Seiten seiner Tagebücher, die er fast siebzig Jahre mit sich trug.
Kurz vor seinem Tod fragte ihn eine Zeitung nach seinem Glauben und den vielen Zweifeln, die er in seinem Tagebuch aufgeschrieben hatte: »Mr. Green«, fragte die Zeitung, »wie ist das Ihrer Meinung nach mit dem Glauben an Gott und den Schmerzen in der Welt – wie passt das zusammen?«
»Ich kann nicht für die ganze Welt antworten«, sagte Julien Green, »ich kann es Ihnen nur ganz persönlich sagen: Ja, Gott zerbrach auch mein Herz. Manchmal zer-

bricht Gott einem das Herz, um *in* das Herz zu gelangen.«

28
ES IST JA MEIN VATER

Hoch über dem Marktplatz einer kleinen Stadt hatte ein Seiltänzer sein Seil gespannt und machte dort oben unter den staunenden Blicken vieler Zuschauer seine gefährlichen Kunststücke.

Gegen Ende der Vorstellung holte er eine Schubkarre hervor und fragte einen der Anwesenden: »Sagen Sie, trauen Sie mir zu, dass ich die Karre über das Seil schiebe?«

»Aber gewiss«, antwortete der Gefragte fröhlich, und auch mehrere andere der Umstehenden stimmten der Frage sofort zu.

»Würden Sie sich dann meiner Geschicklichkeit anvertrauen, sich in die Karre setzen und von mir über das Seil fahren lassen?«, fragte der Schausteller weiter.

Da wurden die Mienen der Zuschauer ängstlich. Nein, dazu hatten sie keinen Mut! Nein, das trauten sie sich und ihm nicht zu.

Plötzlich meldete sich ein Junge. »*Ich* setze mich in die Karre«, rief er, kletterte hinauf, und unter dem gespannten Schweigen der Menge schob der Mann das Kind über das Seil.

Als er am anderen Ende ankam, klatschten alle begeistert Beifall.

Einer aber fragte den Jungen: »Sag, hattest du keine Angst da oben?« »Oh nein«, lachte der, »es ist ja mein Vater, der mich über das Seil schob!«

29
DER BLICK NACH OBEN

Der Dachs und der Iltis trafen sich bei ihrer nächtlichen Futtersuche im Wald; und da sie sich lange nicht gesehen hatten, gingen sie plaudernd ein Stück des Weges nebeneinanderher. Während aber der Dachs auf den Weg achtete, blickte der Iltis immer wieder zum nächtlichen Himmel hinauf, übersah dabei einen Wassertümpel und fiel hinein. Das war zwar nicht weiter schlimm, der Dachs aber wusste sich vor Lachen nicht zu halten und rief ein Mal ums andere: »Das kommt davon, wenn man zu viel nach oben schaut!« Danach ging der Dachs allein weiter.

Der Iltis putzte noch eine Weile an sich herum, blickte wieder zum Himmel hinauf und setzte dann auch seinen Weg fort.

Bald traf er jedoch wieder auf den Dachs, der sich verirrt hatte und froh war, dass der Iltis ihn glücklich nach Hause brachte.

»Wie hast du das so leicht geschafft?«, fragte der Dachs.

»Ich habe nach oben geschaut und mich nach den Sternen gerichtet«, antwortete der Iltis.

»Und dafür nimmst du in Kauf, dass du hin und wieder in einen Tümpel fällst?«, meinte der Dachs.

»Und dass ein Dachs darüber lacht«, sagte der Iltis.

30
GOTTES LIEBE

Ein Amerikaner war in England verheiratet gewesen. Doch da seine Frau nach langer Krankheit verstorben war, beschloss er, mit seiner kleinen Tochter in seine alte Heimat zurückzukehren. Eine lange Seereise schien ihm der richtige Weg zu sein, seinen Kummer zu bewältigen. Am zweiten Tag ihrer Reise gingen Vater und Tochter auf dem Deck des Schiffes ein wenig auf und ab. Sie standen an der Reling und sahen, wie das Schiff durch die sanften Wellen glitt. Sie gaben sich ganz der Faszination der unendlichen Weite des Meeres hin, ein jeder von ihnen bedrückt durch das tragische Ereignis, die Frau und die Mutter verloren zu haben.

Nach einer Weile fragte das Mädchen ganz leise aus ihren Gedanken heraus: »Papa, hat Gott uns ebenso lieb, wie wir Mama lieb gehabt haben?«

»Ja, das tut er, mein Liebes«, antwortete der Vater. »Gottes Liebe ist das Allergrößte, das es in der Welt überhaupt gibt!«

»Wie groß ist das denn?«, fragte das Kind.

»Wie groß? Ich will versuchen, dir das zu erklären: Schau über das weite Meer. Sieh nach oben und dann nach unten. Gottes Liebe ist so groß, dass sie uns weiter umgibt als alles Wasser, das du sehen kannst. Und sie ist höher als der höchste Himmel über uns und geht tiefer als die tiefste Tiefe unter uns, über die uns unser Schiff trägt.«

Das Mädchen versuchte, dieses gewaltige Bild zu verstehen. Ihrem Gesicht war die große Mühe anzusehen, und ihre Augen füllten sich mit Tränen. Schon wollte der Vater sie trösten, da umfasste sie mit beiden Händen seinen

Arm und ein Strahlen ging über ihr Gesicht, als sie sagte: »Aber das ist ja wunderbar, weil wir mitten darin sind.«

31

DAS GEBET DER MUTTER

Es geschah in der Karwoche des Jahres 1942. Damals wurde die Liturgie in frühester Morgenstunde gefeiert – mit einer traditionell äußerst geringen Beteiligung der Gläubigen. Es haben sich um fünf Uhr nur wenige versammelt, um den ergreifenden Zeremonien des Karfreitags zu folgen. Meine Mutter nahm an der Liturgie des Leidens Jesu teil. Um sieben Uhr war der Gottesdienst zu Ende. Sie stand auf und ging nach Hause. Als sie die Maria-Theresien-Straße in Innsbruck überquerte, schlug die Turmuhr sieben.

Die Nacht von Gründonnerstag auf Karfreitag war die schlimmste dieser schrecklichen Woche in der Schlacht am Ilmensee in Russland. Wir lagen am Rande einer Waldwiese, 150 Meter vor uns hatte sich am Abend ein sibirisches Scharfschützenregiment eingegraben. Das Thermometer zeigte 52 Grad unter Null. Der meterhohe Schnee war wie Staubzucker. Die Kälte war lähmend – es kam immer wieder vor, dass Soldaten sich in ihren Löchern nicht mehr rührten. Bei Tag war es wegen des ständigen Feuers nicht möglich, und bei Nacht fehlte so manchem die Energie, sich zu bewegen. Eben hatte man einen meiner liebsten Kameraden zurückgebracht. Beide Beine mussten ihm später abgenommen werden. Von unseren fast 1000 Mann waren noch 70 übrig.

Ich lag mit meinem Funkgerät hinter einer niederen Mauer in der vordersten Linie. Oft konnte ich vor Kälte kaum die Tasten des Gerätes bedienen. Aber als Funker musste ich wenigstens nie schießen. Da kam mitten im Trommelfeuer der Stalinorgeln der Befehl, wir sollten am Morgen um halb acht Uhr angreifen. Über die Waldwiese hinweg, bei einem Meter Pulverschnee – und auf der anderen Seite ein Scharfschützenregiment. Der Major, der ein sehr verantwortungsbewusster Offizier war, weigerte sich. Er wurde abgelöst. So erwarteten wir den Morgen des Karfreitags.

Beim Schlag der Turmuhr überfiel meine Mutter mitten auf der Straße plötzlich der Gedanke, ich sei in großer Gefahr. Sie hatte keine Ahnung, wo ich mich in den Weiten Russlands herumtrieb. Später hat sie mir erzählt, die plötzliche Beklommenheit und das Angstgefühl seien so groß gewesen, dass sie auf der Stelle umgekehrt und in die Kirche zurückgegangen war. Vor dem Bild der »Mutter Gottes vom Guten Rat« blieb sie knien.

Das ist auch etwas, woran man oft nicht denkt: Der Krieg war für Mütter und Frauen schrecklicher als für den Sohn oder den Mann an der Front.

Die ungewissen Ahnungen unvorstellbarer Schrecken waren sicher oft schwerer zu ertragen als die Realität.

Als um sieben Uhr eine leichte Dämmerung über die in der Kälte erstarrten, zerschossenen Wälder kam, griffen die Russen an. In breiten Wellen kamen sie über die Wiese, hatten aber fürchterliche Verluste. Immer neue Wellen rollten auf uns zu. Die vordersten Spitzen schoben sich bis auf dreißig Meter heran. Aber hinter ihnen pflügte die deutsche Artillerie den Wald buchstäblich

um. Es muss Hunderten Soldaten das Leben gekostet haben.
Um halb acht Uhr stand meine Mutter in der Kirche auf und ging nach Hause.
Um halb acht Uhr riss mir eine russische Kugel die Funktaste aus der Hand. Der Soldat neben mir erhielt einen Kopfschuss. Aber ich hatte unsägliches Glück. Ein Schuss mitten durch den Unterarm, der weder die Knochen noch die Hauptschlagader verletzte, war unter diesen Umständen ein wahrer Segen. Mein Freund verband mich, dann kroch ich zurück. Weiter hinten stand zufällig ein Verwundetenschlitten, der in größter Eile zum Verbandsplatz zurückjagte. Als die letzten Granaten überstanden waren, feuerte ich mit einer wilden Freude den Stahlhelm in die Büsche und setzte mir die Mütze auf. Ich war gerettet und der Hölle entronnen.
Viel später, als ich auf Genesungsurlaub nach Hause kam, habe ich die Erzählung meiner Mutter von ihrem Karfreitagserlebnis mit dem Schlag der Turmuhr der Spitalkirche und dem, was in den Wäldern vor Ramuschewo zur gleichen Zeit geschah, verglichen. Es stimmte alles genau. Von sieben bis halb acht Uhr, während des Gebetes, war die größte Gefahr mit der rettenden Verwundung.

32

ICH HATTE IHN VERGESSEN

Don Bosco († 1888), der begnadete Erzieher, Priester und Schriftsteller, kümmerte sich im 19. Jahrhundert um die vielen verwahrlosten Jungen in Turin und Umgebung. Immer wieder fehlten die dazu notwendigen Mittel: In

seiner Not bat er seine verwitwete Mutter, zu ihm zu kommen und ihm zu helfen.
Der Dienst an diesen Jungen war eine harte Geduldsprobe für die alte Mutter. Als die Kinder ihr eines Tages den Gemüsegarten beim Spielen zertrampelt hatten, war ihre Geduld erschöpft. Sie packte ihre Sachen zusammen und wollte das Haus verlassen, um in ihre Heimat zurückzukehren.
An der Haustür begegnete sie ihrem Sohn. Dieser erfasste sofort die Situation. Er führte die Mutter unter ein großes Kreuz in seinem Haus. Da standen sie nun – die Mutter und ihr Sohn.
Nach Minuten des Schweigens sagte die Mutter mit dem Blick auf den Gekreuzigten: »Ich hatte ihn vergessen.« Daraufhin packte sie ihre Sachen wieder aus und ging zurück an die Arbeit.

33

VOM STÜRZEN UND ERHÖHEN

Es war einmal ein junger König an die Macht gekommen, dem stiegen Herrschaft und Reichtum schnell zu Kopfe. Eines Tages hörte er in einem Gottesdienst das Wort aus dem Magnificat: »Gott stürzt die Mächtigen vom Thron und erhöht die Niedrigen.«
Da wurde er zornig und befahl nach dem Gottesdienst seinem Hofgeistlichen, diese Stelle nie wieder vorzulesen; ja, sie aus dem Evangelienbuch herauszuschneiden und zu verbrennen.
Der Priester weigerte sich, denn es sei Gottes Wort! Das machte den König nur noch zorniger; er ließ ihn drei Tage

ins Gefängnis werfen und befahl dann, als er sich immer noch wehrte, einen Galgen aufzustellen. So despotisch konnten manchmal Könige herrschen!
Schon waren alle Bediensteten und das ganze Volk zusammengerufen, um ihnen zu zeigen, wohin eine Befehlsverweigerung führe, da erschien ein Bote, der den Kaiser mit seinem Gefolge zu einer großen Treibjagd mit anschließendem festlichen Mahl ankündigte. Der König freute sich über die unverhoffte Ehre und verschob die Hinrichtung.
Auf der Jagd durch die dunklen Wälder erblickte er einen prächtigen Hirsch, der nicht ganz gesund schien, denn er blieb immer wieder stehen und konnte oder wollte nicht fortlaufen. Da erfasste den König der Wunsch, ihn lebend einzufangen, und er verfolgte ihn bis in einen dichten, unbekannten Wald, in dem er ihn dann aus den Augen verlor.
Zu seinem Schrecken stellte er fest, dass die anderen weit zurückgeblieben waren und er sich verirrt hatte. In einem Bach mit klarem Wasser nahm er ein erfrischendes Bad. Doch als er wieder ans Ufer stieg, waren seine Kleider und sein Pferd verschwunden. Jetzt war er nichts weiter als ein nackter Mann. Die Dornen zerstachen seinen Körper, und die Mücken fielen in Scharen über ihn her.
Erst in der Nacht wagte er sich an eine Hütte heran, in der ein Waldwächter wohnte, weckte die Bewohner und gab sich als König aus, dem Kleider und Pferd gestohlen worden waren. Doch sie jagten den vermeintlichen Landstreicher fort und gaben ihm schließlich, als er ganz bescheiden mit Tränen in den Augen um ein paar alte Sachen bat, einige jämmerliche Lumpen.

So irrte er lange Zeit in Bettlerkleidung umher. Keiner glaubte ihm seine Geschichte, und er hungerte sich recht und schlecht durch die Dörfer.
Schließlich kam der König in die Hauptstadt, wo er einst regiert hatte, fragte nach der Bedeutung der vielen Fahnen und erfuhr, dass das Fest zur Wiederkehr der Thronbesteigung anstand, zu dem außer den Reichen diesmal auch Arme eingeladen waren.
Da ging auch er zum Palast und setzte sich mit den Blinden, Lahmen und Bettlern an einen der ungeheuer langen Tische. Doch bis zu seinem Tischende gelangten die Diener nicht mit den Speisen und Getränken. Immer wieder blickte er mit großen Augen auf den König, der ihm wahrhaftig ganz ähnlich sah, nur dass er viel freundlicher dreinschaute.
Schließlich erhob sich der König und verteilte aus vollen Taschen Geld unter die Armen. Aber wieder: Als er zum Tischende kam, waren die Taschen leer. Der König vertröstete ihn und lud ihn zum Fest im nächsten Jahr ein, wenn wieder alle Reichen und Armen zusammenkämen.
Da ging der König in Lumpen in sich und er erkannte, dass all sein Unglück in seinem Stolz die Ursache hatte, in seiner Sünde gegen das Evangelium und in seinem hochmütigen Befehl, den Priester hinrichten zu wollen. Sein Herz ward so voller Schmerz und Reue. Ein ganzes Jahr bettelte er sich wieder durch die Dörfer und kam schließlich verspätet zum Tag des großen Festes. Und wieder ging er leer aus beim Verteilen der Speisen und des Geldes. Da nahm der König den traurigen Armen mit in seinen Palast, in dem sich dieser so gut auskannte. Und unter Tränen erzählte der Bettler seine Sünde.

Der König sprach zu ihm: »Ich bin ein Engel am Throne Gottes, der mich geschickt hat, deine Gestalt anzunehmen und an deiner statt zu herrschen. Ich war es auch, der dich durch den Hirsch in den Wald lockte, damit du nicht einen Unschuldigen umbringen ließest. Jetzt hast du am eigenen Leibe verspürt, was es heißt: ›Er kann die Mächtigen vom Throne stürzen‹. Weil dir dein Stolz im tiefsten Herzen leid tut, sollst du von heute an wieder regieren!«
Fortan war der König auf das Wohl seines Volkes bedacht und wurde in seinem ganzen Land wegen seiner Freundlichkeit und Demut geliebt.

34
DIE GEBEUGTE

Die Gebeugte hielt ihren Körper vornüber, stemmte ihn auf einen Stock, ihr Blick ging auf das Stück Boden vor ihr. Wollte sie einen Menschen ansehen, musste sie sich mühsam aufrichten, gewöhnlich sah sie von den Leuten nur die Füße. Sie sah aber etwas, was andere nicht wahrnahmen; sie sah die Spuren, die die Menschen hinterließen.
Was sonst höchstens für einen Jäger oder Detektiv noch interessant war, das wurde ihr ganzes Weltbild: die Spuren, die im Sand, im Staub der Straße eingeschrieben waren. Sie lernte zu unterscheiden, sah, wenn die Füße nachgezogen wurden, wenn die Schritte raumgreifend gesetzt waren oder schüchtern einhertrippelten. Sie wusste gleich aus der Spur, wie es um den Menschen stand. Sie sah auch die Umwege, die gemacht wurden,

dass Spuren nach links und rechts auswichen, Bögen schlugen.
Einmal fand sie eine Spur, die anders war als alle übrigen. Die machte nie einen Bogen. Sie ging immer geradeaus. Das verwunderte sie sehr. Sie ging der Spur nach, tagelang, wochenlang. Die Spur war unverkennbar, sie konnte sie herauslesen aus allen andern Schritten. Wie ein Jäger folgte sie ihr, las die Fährte, und als sie ihn gefunden hatte, richtete sie sich auf. Diese Gestalt wollte sie sehen, auch wenn sie ihren kranken, gebeugten Rücken kaum aufzurichten vermochte. Mit einer letzten Anstrengung streckte sie sich, und als sie gerade stand, da wusste sie: Sie war geheilt.

35

DER BELLENDE KIRCHENLEHRER

Der Schwerkranke ergriff die Hand des Arztes. »Mir ist so bange vor dem Sterben. Sagen Sie mir doch, Herr Doktor; was wartet auf mich nach dem Tode? Wie wird es auf der anderen Seite aussehen?«
»Ich weiß es nicht«, antwortete der Arzt.
»Sie wissen es nicht?«, flüsterte der Sterbende.
Statt eine weitere Antwort zu geben, öffnete der Arzt die Tür zum Gang. Da lief ein Hund herein, sprang an ihm hoch und zeigte auf jede Weise, dass er sich freute, seinen Herrn wiederzusehen.
Jetzt wandte sich der Arzt dem Kranken zu und sagte: »Haben Sie das Verhalten des Hundes beobachtet? Er war vorher noch nie in diesem Raum und kennt nicht die Menschen, die hier wohnen. Aber er wusste, dass sein

Herr auf der anderen Seite der Tür ist, darum sprang er fröhlich herein, sobald die Tür aufging. – Sehen Sie, ich weiß auch nichts Näheres, was nach dem Tod auf uns wartet; aber es genügt mir, zu wissen, dass mein Herr und Meister auf der anderen Seite ist. Darum werde ich, wenn eines Tages die Tür sich öffnet, mit großer Freude hinübergehen.«

36
NEHMEN SIE AUCH GOLD?

Nach ihrem tollen Erfolg beim letzten Trödelmarkt ging Hermine mit beflügelnder Begeisterung daran, neue Ideen für den nächsten Flohmarkt zu sammeln. Altes hatte sie nicht mehr, also musste Neues her. Zyniker behaupten, auf einem Flohmarkt zu stehen, sei Verschwendung von Geld, Gut und Gehirnschmalz. Ach, diese Leute haben ja keine Ahnung, wie viel Spaß und Freude es macht, viele neue Menschen zu treffen, alten Bekannten zu begegnen und manche Freundschaft aufzufrischen. Natürlich musste Hermine an solchen Tagen schon mitten in der Nacht aufstehen, um vier Uhr bereits ihren Stand aufbauen, weil um fünf Uhr die ersten Schnäppchenjäger über den Markt schnüffelten. Als neues Element in Hermines Palette brachte sie heute selbst gebastelte Gewürzsträuße in verschiedenen Größen mit. Alle Wohlgerüche Arabiens schienen ihren Stand zu umwehen. Wochenlang hatte Hermine zu Hause gebastelt, gedreht und geschnitten. Lorbeerblätter, Zimt- und Vanillestangen, Pfeffer- und Nelkenkörner – alles war artig in gold- und silberfarbige Manschetten gesteckt und zu wunderschönen Biedermeiersträußchen zusammengebunden.

Sie hatte in ihrer Begeisterung so viele gemacht, dass sie sich beim Auspacken am Stand nun bange fragte, ob sie die Kauflust der Leute nicht überschätzt hatte.

Als sich jedoch später der Strom der Besucher wie ein träger Lindwurm durch die Straße zwängte, waren alle Bedenken verflogen. »Ihre Sträußchen sind allerliebst«, hörte sie immer wieder. Viele wechselten bald den Besitzer und Hermines kleine Kasse füllte sich prächtig. Gegen Mittag wurde es etwas ruhiger. Da bemerkte Hermine zum ersten Mal den kleinen, etwa fünf Jahre alten Jungen neben ihrem Stand. Wie lange er sie schon beobachtet hatte, wusste sie nicht. »Nun, kleiner Mann, was möchtest du denn?« Erschrocken rannte der Junge weg und verschwand in der farbverschmierten Haustür gegenüber. Hermine wandte sich anderen Dingen zu. Doch bereits zehn Minuten später war der Junge wieder da. Scheu, mit ängstlichen dunklen Augen stand er etwas abseits und sah aus wie ein struppig verwaister Pudel. Hermine lächelte ihm aufmunternd zu. Zögernd kam er näher. »Ich möchte einen großen Strauß.«

»Für dich?«, fragte Hermine. »Nein, für meine Mutter. Sie liegt oben im Bett und ist krank.«

Hermine blickte an der schäbig grauen Fassade des Hauses hoch. »Hier«, sagte sie und reichte dem Jungen ein hübsches Sträußchen. Doch der Kleine schüttelte energisch den Kopf. »Nein, ich will so einen ganz großen Strauß dort drüben.«

»Der kostet aber ziemlich viel Geld.«

»Das macht nichts. Ich kann bezahlen. Nehmen Sie auch Gold?« Verwirrt schaute Hermine ihn an. Doch der kleine

Knirps zog bereits umständlich einen ordentlich gefalteten Zettel aus der Tasche: »Großvater hat gesagt, das hier ist Gold wert!«

Hermine nahm den Zettel und las ihn. Bedächtig faltete sie ihn wieder zusammen und sagte: »Allerdings, das hier ist ein wertvolles Zahlungsmittel.« Dann holte sie den größten und schönsten Strauß, den sie hatte, und überreichte ihn dem Jungen.

»Bekomme ich noch etwas Gold heraus?«

»Leider habe ich kein solches Wechselgeld hier. Deshalb nimmst du lieber diesen Zettel wieder mit. Du kannst ihn sicher noch gut gebrauchen.« Freudestrahlend und gewichtig balancierend mit Zettel und Strauß überquerte der kleine Mann die Straße, um seiner Mutter sein Geschenk zu bringen. Die Standnachbarin hatte alles mit angehört. »Womit hat der Junge denn bezahlt?«, fragte sie.

Hermine drehte sich zur Nachbarin: »Mit dem Wertvollsten, was er besaß. Einem Zettel, auf dem stand: *»Lieber Mirko, möge Gott dich dein Leben lang begleiten, behüten und segnen. In Liebe dein Großvater.«*

Zerbrochenes kann heilen

37
ZU ETWAS NÜTZE SEIN

Es war einmal ein kleiner Baumwollfaden, der hatte Angst, dass er nicht ausreichte, so wie er war. »Für ein Schiffstau bin ich viel zu schwach«, sagte er sich, »für einen Pullover zu kurz. Um an andere anzuknüpfen, habe ich zu viele Hemmungen. Für eine Stickerei eigne ich mich auch nicht. Dafür bin ich viel zu blass und farblos. Ja, wenn ich ein glitzernder Goldfaden wäre, dann könnte ich eine Stola verzieren. Aber so? Es reicht nicht! Zu nichts bin ich nütze. Ein Versager! Niemand braucht mich. Niemand mag mich und ich mich selbst am wenigsten.« So sprach der kleine Baumwollfaden zu sich, legte eine traurige Musik auf und fühlte sich sehr allein in seinem Selbstmitleid.

Da klopfte ein Klümpchen Wachs an und sagte: »Lass dich doch nicht so hängen, kleiner Baumwollfaden. Ich habe eine Idee: Wir beide tun uns zusammen! Für eine große Kerze bist du als Docht zu kurz und ich habe dafür

auch nicht genug Wachs; aber für ein Teelicht reicht es allemal. Wir beide zusammen werden eine kleine Kerze, die wärmt und es ein bisschen heller macht. Schließlich ist es besser, nur ein kleines Licht anzuzünden, als über die Dunkelheit zu schimpfen.«
Da war der kleine Baumwollfaden ganz glücklich und sagte sich: »Dann bin ich also doch zu etwas nütze.«
Und wer weiß, vielleicht gibt es auf der Welt noch mehr kurze Baumwollfäden, die sich mit einem Klümpchen Wachs zusammentun.

38
DER TOPF MIT DEM SPRUNG

Ein Wasserträger in Indien hatte zwei große Töpfe, jeder hing an einem Ende einer Stange, die er auf seinem Nacken trug. Einer der Töpfe hatte einen Sprung, während der andere Topf heil war und immer eine volle Menge Wasser ablieferte. Am Ende des langen Weges vom Strom zum Haus des Herrn kam der gesprungene Topf nur halb voll an. Volle zwei Jahre lang ging das Tag für Tag so, dass der Wasserträger nur einen vollen und einen halben Topf voll Wasser im Hause seines Herrn ablieferte. Natürlich war der heile Topf stolz auf seine Fähigkeit, den Zweck, für den er gemacht war, tadellos zu erfüllen. Aber der arme gesprungene Topf schämte sich seiner Unvollkommenheit und war unglücklich, dass er nur die Hälfte von dem brachte, wofür er gemacht war.
Nachdem er dies zwei Jahre lang als bitteres Versagen empfunden hatte, sagte er eines Tages am Strom zu dem Wasserträger:

»Ich schäme mich und ich entschuldige mich bei dir.«
»Warum?«, fragte der Wasserträger. »Worüber bist du beschämt?«
»Ach«, sagte der Topf, »ich konnte während der letzten zwei Jahre immer nur die Hälfte abliefern, weil dieser Sprung in meiner Seite die Ursache dafür ist, dass auf dem ganzen Weg zurück zum Hause deines Herrn Wasser heraussickert. Wegen meiner Risse musst du all diese Arbeit tun, ohne dass du den vollen Nutzen von deinen Anstrengungen hast.«
Dem Wasserträger tat der alte gesprungene Topf leid, und er sagte voll Mitleid: »Wenn wir zurückkehren zum Haus meines Herrn, möchte ich, dass du die schönen Blumen am Wegesrand beachtest.«
Tatsächlich achtete der gesprungene Topf, als sie den Hügel hinaufgingen, auf die von der warmen Sonne beschienenen Blumen am Wegesrand, und das munterte ihn etwas auf. Aber am Ende des Weges fühlte er sich wieder schlecht, denn er hatte die Hälfte seines Inhalts verloren. Und so entschuldigte er sich wieder beim Wasserträger für seine Unvollkommenheit.
Der Wasserträger sagte zu dem Topf: »Hast du nicht bemerkt, dass Blumen nur auf deiner Seite des Weges wachsen, nicht aber auf der Seite des anderen Topfes? Das kommt daher, dass ich immer von deinem Sprung gewusst und das ausgenutzt habe. Ich säte Blumensamen auf deiner Seite des Weges, du hast sie jeden Tag, während wir vom Strom zurückgingen, bewässert. Zwei Jahre lang konnte ich so diese schönen Blumen pflücken, um damit den Tisch meines Herrn zu schmücken. Wärst du nicht so, wie du bist, hätte er sein Haus nicht mit so etwas Schönem schmücken können.«

39
DAS SCHERBENFENSTER

Ein Glasmaler zeigte seiner kleinen Tochter seine Werkstatt. Sie hatte sehr große Fenster, und die Decke bestand aus lauter Glas, um möglichst viel Licht einzufangen. Auf einem großen Tisch lag ein ganzer Berg bunter Glasscherben – schief und krumm –, aus denen ein Kirchenfenster für einen Heiligen gefasst werden sollte. Es war schwer, sich vorzustellen, dass sie ein großes Ganzes werden könnten.

»Du kannst mir helfen«, meinte der Vater, »reich mir nur vorsichtig ein Glas nach dem anderen an.« Dann setzte er die bunten Scheibchen auf einen mächtigen Karton, der die Umrisse einer Zeichnung erkennen ließ. Sie passten haargenau ineinander. Aber alles war noch dunkel und trübe. Der Vater lächelte: »Der liebe Gott muss mir noch etwas helfen. Du wirst sehen!«

Viele Wochen später ging er mit seiner Tochter in die Seitenkapelle einer Kirche. Er lenkte ihren Blick auf ein Fenster, das die Sonne gerade in den roten, blauen, gelben Gläsern wunderbar ausleuchtete. Der Vater nickte: »Das Fenster, an dem du mitgeholfen hast.«

Unten an dem Fensterbild, wo die Sonne nicht so stark hindurchscheinen konnte, war alles noch ziemlich dunkel. Aber je höher es ging, umso mehr begann es zu leuchten und zu strahlen. Bei einigen Gläsern musste man fast die Hände vors Gesicht halten, um den Glanz der blendenden Sonne auszuhalten. Das Töchterchen staunte.

»Siehst du«, begann der Vater wieder, »dieses Fenster haben wir gemeinsam geschaffen, weil du mir die Gläser angereicht hast. Ähnlich will Gott mit dir, mit mir und allen Menschen solch wunderbare Fenster malen.« Verwundert und ungläubig blickte die kleine Tochter zu ihrem Vater auf. »Ich mache keinen Spaß!«, fuhr er fort, »jeder Tag, den Gott uns gibt, ist so ein kleines, buntes Scheibchen. Wir geben ihm seine ganz besondere Farbe und schenken es am Abend Gott wieder zurück. Er setzt dann all die Gläser nach seinem Plan zusammen und macht nach und nach ein herrliches Fenster daraus. Dabei kommt es auch darauf an, dass wir das Licht der Sonne Gottes aufnehmen und es durchlassen. Dann fallen schöne Strahlen in die Welt hinein. So wie dieser Heilige, den das Fenster zeigt, nie mehr von den Menschen vergessen wurde, weil er die Welt leuchtender, ja strahlender gemacht hat.« Und das Mädchen stand noch eine Weile still und nachdenklich da.

40

DAS ZWEITE LEBEN EINES STROHSACKS

Meine fast erwachsene Tochter wünschte sich eine neue, schicke Jacke. Aus Rohleinen sollte sie sein – meine Sabine hatte da ganz bestimmte Vorstellungen. Geschäfte, die solche Jacken verkauften, ebenso. Den Kaufpreis konnte meine Tochter nicht aufbringen, also beschloss sie, eine solche Jacke eben selber zu nähen. Aber allein der Materialpreis überstieg die finanziellen Möglichkeiten. Rohleinen ist heute selten und teuer, und etwas anderes wollte meine Sabine nicht. Was sie sich in den Kopf setzt, führt sie durch!
In dieser Situation erinnerte ich mich an einen alten Strohsack, der noch von meiner Mutter stammte und der

den 2. Weltkrieg, mehrere Übersiedlungen und manche Entrümpelungsaktionen überstanden hatte. Nach langem Suchen wurde ich fündig: Aber wie sah der Strohsack aus? Das Einzige, was mit der Vorstellung meiner Tochter übereinstimmte, war die gute Qualität des Rohleinens. Aber sonst: grau und schmutzig, Stockflecken vom langen Liegen, eingerissene Nähte, abgerissene Ecken, Wehrmachtsstempel zierten das alte Stück. Ein fast aussichtsloses Unternehmen, daraus eine modische Jacke schneidern zu wollen!

Aber meine Tochter und ich gaben nicht so leicht auf. Mehrmals musste die Waschmaschine (mit und ohne Entfärber) in Aktion treten, während Sabine einen passenden Schnitt, einen besonders hübschen Futterstoff und ganz teure, exquisite Knöpfe kaufte. Als der Sack aufgetrennt und gebügelt war, machte sich Sabine an die mühevolle Aufgabe, die Schnittstücke aufzulegen und dabei möglichst die geschädigten Stellen auszusparen. Es glich einem Puzzlespiel – ein geflickter Riss und ein gestopftes Loch wurden – fast unsichtbar – an Unterkragen und Innenbesatz verwendet. Das Nähen war für meine sehr geschickte Sabine dann nur mehr eine Kleinigkeit. Und niemand, der diese Jacke später sah, wollte glauben, dass sie aus einem alten Strohsack gefertigt war. Als Beweis konnte sie aber jederzeit die Reparaturstellen vorzeigen.

Nichts ist so wertlos, dass man nicht etwas anderes, Neues daraus machen könnte. Das gilt für mich und meine Tochter, für Strohsäcke – und Lebenserfahrungen!

41
WIEDERVERWERTUNG

Vor langer, langer Zeit, als die große Kathedrale gebaut wurde, kam ein unbekannter Handwerker zum Meister der Bauhütte und fragte, ob er seine Handwerkskunst einsetzen dürfe. Steinmetze hätten sie genug, sagte der Baumeister und wollte den Fremden abweisen. Er wolle doch keine Steine behauen, sagte der Fremde, sondern er bitte um die Erlaubnis, eines der bunten Glasfenster gestalten zu dürfen. Wenn es sein müsse, zur Probe, sogar ohne Bezahlung.

Da willigte der Baumeister ein, auch wenn er vermutete, dass man am Ende das Glas des Fremden wieder werde ausbrechen müssen, um die Arbeit von einem Fachmann ausführen zu lassen.

In den folgenden Wochen kümmerte sich niemand mehr um den fremden Handwerker. Monatelang arbeitete er in einem provisorischen Verschlag, bis sein Fenster fertig war.

Dann kam der Tag, der ans Licht brachte, was so lange im Verborgenen geschaffen worden war: ein Kirchenfenster von unbeschreiblicher Schönheit, mit solch glühenden Farben, wie es niemand je zuvor gesehen hatte, prächtiger als alle anderen Fenster der Kathedrale.

So einzigartig war das Fenster in seiner Leuchtkraft, dass Menschen von nah und fern kamen, um es anzuschauen.

»Aber woher hast du all das wunderbare, leuchtende Glas?«, fragte der erstaunte und zugleich begeisterte Baumeister den Handwerker.

Und der Fremde sagte: »Ach, ich fand hier und da ein Stück in der Nähe der anderen Werkstätten. Das Fenster ist gemacht aus den Glasresten, die von den anderen als unbrauchbar weggeworfen wurden.«

42

DER DIRIGENT IM ROLLSTUHL

»Kommt überhaupt nicht in Frage«, schrie Gerhard und rüttelte wütend an den Armlehnen seines Rollstuhls. »Ich werde ab sofort alle meine Ämter niederlegen.« Sein Besucher schaute ihn eine Weile an, nickte enttäuscht und verließ wortlos das Wohnzimmer.

In der Diele stand Gerhards Frau. »Er wird nicht damit fertig«, sagte sie. »Was hatte er für hochfliegende Pläne nach seiner Pensionierung. Wandern, Ski laufen, segeln und natürlich seinen geliebten Chor weiter dirigieren. Jetzt, nach dem Unfall, ist für ihn alles aus.«

»Aber den Chor kann er doch trotzdem dirigieren. Wir brauchen ihn, dringend sogar.«

»Wenn man ihm das klarmachen könnte, hätte sein Leben wieder einen Sinn.«

»Ich habe es gerade versucht, ohne Erfolg.« Fritz als ältester Sänger hatte stets ein freundschaftliches Verhältnis zu Gerhard. Alle hofften, er könnte Gerhard dazu bewegen, den Chor weiter zu dirigieren. Fritz gab sich einen Ruck und kehrte noch einmal ins Zimmer zurück. Einen Versuch wollte er noch starten. »Hör mal …«, fing er an.

»Lass mich in Ruhe. Es ist alles gesagt. Ich will und werde nicht als Krüppel vor euch im Rollstuhl sitzen, während ihr mitleidsvoll auf mich herabseht.«

»Gut«, schrie Fritz zurück, »dann habe wenigstens den Mut, es den Sängern selbst zu sagen. Soweit ich weiß, haben seit dem Unfall deine Beine gelitten, nicht dein Gehör. Aber wenn man dich so reden hört, glaubt man, du hättest auch was am Kopf abbekommen.«
Gerhard war zuerst sprachlos. Dann sagte er: »Ich komme zur Chorprobe. Ein letztes Mal. Feigheit lasse ich mir nicht vorwerfen.«
Nach dieser heftigen Unterredung sprach Fritz mit den anderen aus dem Chor. »Wir müssen uns etwas einfallen lassen, und zwar schnell.«
Wer letztendlich die ausgefallene Idee hatte, wusste später niemand mehr.
Am Montagabend ließ Gerhard sich nur bis zur Tür bringen. Allein, trotzig und mit erhobenem Kopf rollte er in den Saal. Das Licht brannte, aber kein Mensch war zu sehen. Verloren schaute Gerhard sich um.
Dann, mit einem Mal, gingen alle Türen auf und sternförmig rollten die Sängerinnen und Sänger in den Saal. Ja, sie rollten. Jeder von ihnen saß in einem Rollstuhl. Diszipliniert reihten sie sich neben- und hintereinander ein, so wie sie sonst im Chor standen. Gerhard traute seinen Augen nicht.
Als Ruhe eingekehrt war, ergriff Fritz das Wort: »Gerhard, du weißt, wie sehr dieser Chor dich als Dirigent mag und braucht. Du willst nicht zu uns aufschauen. Das verstehen wir. Also werden wir ab sofort alle im Rollstuhl sitzen und singen.«
Gerhard war so gerührt, dass er kein Wort hervorbrachte. Er kämpfte mit den Tränen und mit sich selbst. Dann, als wollte er gewesene Tage neu werden lassen, raunzte er mit noch immer brüchiger Stimme:

»Aufstehen, alles aufstehen. Es gibt keinen Chor, der im Sitzen singt. Ganz sicher keinen, den ich dirigiere.« Jubelnd standen alle auf. Aber gesungen wurde nicht viel an diesem Abend. Dafür aber viel gelacht und gefeiert. Denn ein Chor hatte wieder einen Dirigenten und ein Mann wieder Sinn für sein Leben gefunden.

43

DER TAG DER VERGEBUNG

Ahab führte etwas ein, was er bei den Juden gelernt hatte: den Tag der Vergebung. Nur schuf er ein ganz eigenes Ritual. Einmal im Jahr schlossen sich die Bewohner in ihren Häusern ein, machten zwei Listen, wandten sich zum höchsten Berg und erhoben die erste Liste gen Himmel.
»Herr, hier sind meine Sünden gegen Dich«, sagten sie und lasen die Liste der Sünden, die sie begangen hatten. Betrug bei Geschäften, Ehebruch, Ungerechtigkeiten, derlei Dinge. »Ich habe schwer gesündigt und bitte Dich um Vergebung, weil ich Dich gekränkt habe.«
Anschließend – und das war Ahabs Erfindung – zogen die Bewohner eine zweite Liste aus der Tasche und hoben auch sie gen Himmel, wobei sie sich immer noch demselben Berg zuwandten. Und sie sagen so etwas wie: »Herr, hier ist eine Liste der Sünden, die Du gegen mich begangen hast: Du hast mich mehr als notwendig arbeiten lassen; meine Tochter ist trotz meiner Gebete krank geworden; ich wurde beraubt, obwohl ich versucht habe, ehrlich zu sein; ich habe mehr als nötig gelitten.«
Nachdem die zweite Liste verlesen war, schlossen sie das Ritual mit den Worten: »Ich war ungerecht gegen Dich,

und Du warst ungerecht gegen mich. Doch heute ist der Tag der Vergebung. Du wirst meine Sünden vergessen, und ich werde Deine vergessen, und wir können ein weiteres Jahr zusammen sein.«

44
VERGEBUNG LÄSST UMKEHREN

In einem schönen Tal in Südkorea wohnte einst eine reiche Familie, deren Kornkammern niemals geschlossen wurden. Und alle Diener, Knechte und Mägde waren treue Menschen – bis auf einen Pferdeknecht, den die Unbewachtheit einmal zum Diebstahl verführte. Eines Abends, als er die ganze Familie nicht zu Hause vermutete, nahm er einen Sack Reis aus der Kornkammer und trug ihn eilends durch die vielen Höfe hinaus. Vor dem zweiten Tor blieb er aber erschrocken stehen. Vor ihm stand die Herrin des Hauses.

»Verzeiht«, stammelte der Dieb, »verzeiht im Namen des Himmels!« Die Frau erkannte seine schlechte Absicht. »Schweig und eile schnell«, sagte sie aber, »sonst sieht dich der Herr.«

Beschämt und verwirrt schlich er durch das nächste Tor, blieb aber hier wieder stehen. Er stand vor dem Herrn des Hauses. »Verzeiht, Herr, verzeiht! Im Namen des Himmels.« Der Herr lächelte. »Eil schnell, sonst entdeckt dich deine Herrin.«

Der Dieb drehte sich um und trug den Sack wieder in die Kornkammer.

45
LASS GUT SEIN

Ein Anruf, früh am Morgen. Ruth ist am Telefon.
»Ruth! Wie schön, mal wieder etwas von dir zu hören!«, begrüßt Gitte ihr Patenkind. »Wie geht's dir denn?«
Aber Ruth will diesmal kein Schwätzchen halten. »Es geht um Mutter«, antwortet sie.
Gitte spürt, wie sie innerlich ganz starr wird: »Du weißt. Davon möchte ich nichts hören.«
»Aber dieser dumme Streit muss doch mal ein Ende haben.«
»Ach ja? Und warum rufst *Du* an und nicht deine Mutter?«
»Weil sie nicht sprechen kann. Sie liegt im Marienhospital auf der Intensivstation. Sie hatte einen Schlaganfall.«
»Wird sie sterben?«
»Nein. Der Arzt sagt, die Chancen stehen recht gut, dass sie sich wieder erholt. Aber ich dachte, du möchtest vielleicht kommen.«
Es wird still am Telefon. Schließlich fragt Gitte: »Und woher willst du wissen, ob sie mich überhaupt sehen will?«
»Das weiß ich nicht. Aber auch du wirst das nur erfahren, wenn du kommst.«
»Ich weiß nicht, ob ich das kann.«
»Denk darüber nach!«, bittet die Nichte und beendet das Gespräch. Gitte legt den Hörer auf.
Achtzehn Jahre ist der Streit mit ihrer Schwester nun her. Damals war ihre Mutter gestorben, kurz nach dem Vater. Die beiden Töchter hatten ohne große Probleme das Erbe aufgeteilt. Nur über den kleinen Bronze-Engel konnten sie sich nicht einigen. Mutter hatte sich nie von ihm ge-

trennt, selbst auf der Flucht nicht. Er war das einzige Stück, das sie hatte retten können. »Das ist mein Schutzengel!«, hatte sie immer gesagt.
»Er steht mir zu. Ich bin die Ältere«, hatte Marga behauptet. Aber Gitte hatte darauf beharrt, dass Mutter ihr den Engel schon immer versprochen hatte. Als sie sich nicht einigen konnten, hatte Gitte den Engel einfach ergriffen und mit ihm die Wohnung verlassen. Seitdem sprachen die beiden Schwestern kein Wort mehr miteinander.
Gitte hatte den Engel damals auf den Sims über dem Kamin gestellt. Und dort steht er immer noch. Es gibt keinen Tag, an dem sie ihn nicht herunternimmt und mit ihm spricht.
Auch jetzt nimmt sie ihn in die Hand. Aber diesmal redet nicht sie zu ihm, sondern er spricht mit ihr. Sie versteht ganz genau, was er ihr sagt.
So stellt sie ihn diesmal nicht zurück. Zögernd zieht sie ihren Mantel an und steckt den kleinen Engel in die Tasche. Dann macht sie sich auf den Weg.
Ruth erwartet sie schon. Dann steht Gitte am Bett ihrer Schwester. Marga hat die Augen geschlossen. Die strengen Falten in ihrem Gesicht haben sich in den langen Jahren noch vertieft. Gitte bringt kein Wort heraus.
»Mutter, Gitte ist hier«, sagt Ruth. Marga schlägt die Augen auf. Gitte nimmt ein zorniges Aufblitzen wahr. Dann wendet Marga den Kopf ab. Für eine Weile ist es still im Zimmer.
»Lass gut sein, Marga«, sagt Gitte schließlich, nimmt die Hand der Schwester und legt den kleinen Engel hinein.

46
DER WUNDERKNABE

Es war einmal ein Wunderknabe, der im zartesten Alter schon die ganze Welt erkannte. Unter der Tür des Elternhauses wusste er über alles Bescheid, und von weit her kamen die Menschen, um ihn sprechen zu hören und um seinen Rat zu holen. Er war zum Glück auch ein glänzender Redner und ließ den schwierigsten Fragen die größten Worte angedeihen, und manchmal auch die längsten. Man wusste nicht, woher er sie hatte, wie es bei Wunderknaben so ist. Sie lagen ihm einfach im Mund. Sein Ruf ging in die Welt hinaus, und bald wollte man überall von seinem Wissen profitieren.
So machte er sich auf die Wanderschaft und nahm sich vor, die ganze Welt, über die er immer gesprochen hatte, nun auch zu erkunden. Doch kaum eine Stunde von zu Hause kam er an einen Scheideweg, der ihn zwang, zwischen drei Möglichkeiten zu wählen, denn nicht einmal ein Wunderknabe kann zugleich in verschiedene Richtungen gehen. Er ging geradeaus weiter und musste dabei links ein Tal und rechts ein Tal ungesehen liegen lassen. Schon war seine Welt zusammengeschrumpft. Auch bei der nächsten Gabelung büßte er Möglichkeiten ein und bei der dritten und bei der vierten. Jeder Weg, den er einschlug, jede Wahl, die er traf, trieben ihn in eine enge Spur. Und wenn er jetzt auf den Dorfplätzen sprach, wurden die Sätze immer kürzer. Die Rede floss ihm nicht mehr wie einst, als er ins Freie getreten war. Sie war belastet von Unsicherheit über das unbegangene Land, das er schon endgültig hinter sich wusste.

So ging er und wurde älter dabei, war schon längst kein Wunderkind mehr, hatte tausend Wege verpasst und Möglichkeiten auslassen müssen. Er machte immer weniger Worte und kaum jemand kam noch, ihn anzuhören. Er setzte sich auf einen Meilenstein und sprach nun nur noch zu sich selbst. »Ich habe immer nur verloren: an Boden, an Wissen, an Träumen. Ich bin mein Leben lang kleiner geworden. Jeder Schritt hat mich von etwas weggeführt. Ich wäre besser zu Hause geblieben, wo ich noch alles wusste und hatte, dann hätte ich nie entscheiden müssen, und alle Möglichkeiten wären noch da.«

Müde, wie er war, ging er dennoch den Weg zu Ende, den er einmal begonnen hatte, es blieb ja nur noch ein kurzes Stück. Abzweigungen gab es jetzt keine mehr, nur eine Richtung war noch übrig und von allem Wissen und Reden nur ein einziges letztes Wort, für das der Atem noch reichte. Er sagte das Wort, das niemand hörte, und schaute sich um und merkte erstaunt, dass er auf einem Gipfel stand. Der Boden, den er verloren hatte, lag in Terrassen unter ihm. Er überblickte die ganze Welt, auch die verpassten Täler, und es zeigte sich also, dass er im Kleiner- und Kürzerwerden ein Leben lang aufwärtsgegangen war.

Verzeihen ist die größte Liebe

47
SCHWAMM DRÜBER!

Eines Tages kam ein weiser Alter zu Besuch zu einem jungen Mann. Als er das Wohnzimmer betrat und sich in einen Lehnstuhl setzte, erblickte er eine große Tafel an der Wand. »Merkwürdig«, dachte er bei sich. »Wozu braucht ein junger Mann eine große Tafel bei sich zu Hause?«
Und in seiner Neugier fragte er den Jungen danach.
»Lange Zeit, nachdem ich die Schule beendet hatte, wurde das alte Schulgebäude geschlossen. Und jeder durfte etwas mitnehmen, wenn er dafür eine Verwendung hatte. Ich griff sofort zur Tafel.« Der junge Mann strich liebevoll über den alten Schiefer seiner Tafel.
»Aber«, so fragte ihn erneut der alte Mann, »was machst du mit der Tafel? Ich sehe, sie ist von oben bis unten voll beschrieben.«
Der junge Mann schaute ihn an und sagte: »Da habe ich all die vielen Dinge aufgeschrieben, wo andere mir Böses getan haben. Sieh nur: So viel musste ich erleiden. Nur

hier unten ist noch ein wenig Platz für das, was noch an Unrecht in Zukunft mir geschehen wird.« Traurig blickte er den alten Mann an.
Der hakte jedoch nach: »Ist denn keiner von denen zu dir gekommen und hat dich um Verzeihung gebeten?«
»Doch«, antwortete der junge Mann. »Soweit ich mich erinnern kann, waren es viele. Aber ich kann es trotzdem nicht ungeschehen machen.« Langsam wurde ihm etwas unwohl in seiner Haut. Verstand ihn der alte Mann denn nicht? Und er fragte zurück: »Was würdest du denn an meiner Stelle tun?«
Ohne zu zögern bekam er die Antwort: »Schwamm drüber!« Und mit einem Blick wies der alte Mann auf den Tafelschwamm, der an der Seite hing – seit Jahren vertrocknet.

48

ICH VERGEBE DIR, BRUDER

In einer Kirche in München hatte Corrie ten Boom über Vergebung gesprochen. Dabei sagte sie, Sündenvergebung bedeute, dass die Sünden ins Meer geworfen würden, und zwar dort, wo es am tiefsten sei.
Nach dem Vortrag bahnte sich ein kahlköpfiger, schwerer Mann den Weg zu ihr. Corrie ten Boom erkannte in ihm unmittelbar den grausamsten Wächter des KZ Ravensbrück, in dem sie selbst viele Jahre inhaftiert worden war. Plötzlich stand er vor ihr und streckte ihr die Hand entgegen. Sie erinnerte sich an ihn und an die Lederpeitsche, die damals in seinem Gürtel steckte.

»Sie erwähnten Ravensbrück in Ihrem Vortrag«, sprach er sie an. »Ich war Wärter dort. Aber das ist vorbei. Ich bin inzwischen Christ geworden. Ich weiß, dass Gott mir alle Grausamkeit, die ich dort getan habe, vergeben hat. Aber ich möchte es auch aus Ihrem Munde hören! Können Sie mir vergeben?«

»Da stand ich nun – ich, der Sünden wieder und wieder vergeben wurden – und konnte es nicht. Konnte er den langsamen und schrecklichen Tod meiner Schwester in Ravensbrück einfach mit diesem Wort ausradieren? Aber ich spürte, ich musste ihm vergeben. Ich bemühte mich, meine Hand krampfhaft zu erheben. Ich konnte es nicht. Hölzern, mechanisch legte ich dann schließlich meine Hand in die ausgestreckte Hand des Mannes. Als ich es tat, geschah plötzlich etwas Unglaubliches! Eine heilende Wärme schien mein ganzes Sein zu durchfluten. Tränen kamen mir in die Augen. ›Ich vergebe dir, Bruder, von ganzem Herzen!‹ Ich hatte Gottes Liebe noch nie so intensiv erlebt wie in diesem Augenblick.«

Dieses Erlebnis bestätigt, was Gertrud von le Fort einmal bemerkt: »In der Verzeihung des Unverzeihlichen ist der Mensch der göttlichen Liebe am nächsten.«

49

GNADE STATT LEISTUNG

Ein alter rechtschaffener Mönch spürte seine letzten Tage kommen und machte sich auf, Gott entgegenzugehen. Als er zum Himmelstor kam, pochte er erwartungsvoll gegen die mächtige Tür, aber sie blieb verschlossen. Traurig ging er ins Kloster zurück und nahm sich vor: Du

musst noch strenger fasten, noch intensiver beten und noch länger schweigen!
Abgehärmt ging er ein Jahr später wieder den steilen Weg zum Himmel hinauf und klopfte. – Nichts rührte sich. »Was habe ich falsch gemacht?«, dachte er. »Vielleicht, weil ich immer abgeschieden in meinen vier Wänden war und keinen einzigen Menschen bekehrt habe?« Jetzt zog er in unermüdlicher Verbissenheit von einem Marktplatz zum anderen, und sobald er auf Menschen traf, predigte er: »Kehrt um! Ändert euch! Tut Buße! Sonst könnt ihr dem Strafgericht Gottes nicht entfliehen!« –
In froher Erwartung kehrte er nach einem Jahr zum Himmelstor zurück, sicher, jetzt eingelassen zu werden. Er schlug gegen die Pforte und – erbleichte: Nichts regte sich.
»Ach«, schoss es ihm durch den Kopf, »ich habe ja immer nur gepredigt und habe den Dienst am Menschen vernachlässigt.« Und er ließ sich in einem Krankenhaus als Krankenpfleger einstellen. Mit aller Zärtlichkeit, die seinen Händen geblieben war, wusch und pflegte er mit eisernem Willen ein Jahr lang die Kranken. – Dann schritt er voller Hoffnung den Berg hinan. Er klopfte, klopfte lauter – nichts rührte sich.
Traurig und enttäuscht setzte er sich neben das Tor. Er konnte nicht mehr. Da rief ihn die Stimme eines Kindes: »Komm, hilf mir«, rief es aus einem Sandberg, »ich will hier einen Tunnel bauen, aber alles bricht immer wieder zusammen.« Er freute sich über die Zuneigung des Kindes, das ihn, den alten Mann, rief, und selbstvergessen begann er mit dem Kind zu spielen. Er vergaß all seine Anstrengung und Verbissenheit, das Richtige zu tun …, bis das Kind rief: »Schau mal, wie schön!« Er schaute in

den feurig roten Sonnenball, der am Horizont ins Meer sank, und dachte: »Ja, Gott, deine Welt ist so schön.« Und er spürte, wie sein Herz ganz weit wurde voller Dankbarkeit.
Da knarrte die Himmelstür in den Angeln und öffnete sich, und der Mönch wusste, dass er jetzt eintreten durfte.

50
ERST MIT LEEREN HÄNDEN EINGELASSEN

Es kam jemand im Himmel an und bat um Einlass. Und da sagte man ihm: Du kannst hereinkommen, wenn du noch mal auf die Erde gehst und das bringst, was dir auf der Erde als das Wertvollste erscheint oder erschien.
Sehr traurig ist der Mensch wieder auf die Erde gegangen, und da ist es ihm gelungen, in den Besitz des Kronschatzes des Königs Kyros zu gelangen. Und er bringt diesen großartigen Kronschatz in den Himmel. Und da schauen sie das alles an und sagen: Das bedeutet hier überhaupt nichts. Unsere Straßen sind gepflastert mit Edelsteinen. Unsere ganzen Wände bestehen aus Gold. Das hat keinen Wert. Das ist ja nur Material.
Da geht er tieftraurig wieder weg, wieder auf die Erde, und da gelingt es ihm, das Schwert Alexanders des Großen zu kaufen. Und er bringt es nach oben. Und als sie das Schwert sahen, sagten sie: Alle Macht, die auf der Erde Bedeutung hat, bedeutet hier überhaupt nichts. Geh hinunter und versuche wirklich das zu bringen, was das Wertvollste ist.

Und er ging nochmals hinunter auf die Erde. Und er stieß in Archiven, in denen er Monate zubrachte, auf die nicht veröffentlichten Sprüche von Salomo.
Schließlich brachte er den gefundenen Schatz in den Himmel. Doch schon im Neuen Testament heißt es, dass alle Weisheit dieser Welt nichts zählt. Auch diese berühmten, noch nicht veröffentlichten Weisheitssprüche von Salomo bedeuten nichts, sagte man ihm. Und wieder ist er sehr traurig.
Er wird nämlich nochmals zurückgeschickt. Und er sucht und sucht und sucht. Er musste diesen ganzen Weg gehen. Er musste alles untersucht haben. Er musste alles versucht haben.
Und dann kam er schließlich herauf mit leeren Händen – und jetzt wurde er eingelassen.

51

OSTERGNADE DER VERGEBUNG

Nach der Osternachtsmesse, so wird aus der Zeit der christlichen Machthaber berichtet, wurde vom Kaiser mit dem Licht der Osterkerze noch die große Kerze der Ostergnade entzündet: Solange sie brannte, konnte jeder, der ein todeswürdiges Verbrechen freiwillig gestand, mit seiner Vergebung rechnen. Sagt doch Jesus im Osterevangelium: »Wem ihr die Sünden vergebt, dem sind sie vergeben!« Und beten wir nicht alle: »Vergib uns unsere Schuld, wie auch wir vergeben unseren Schuldigern?« Allerdings durfte die Gesetzesübertretung nicht schon vor Gericht stehen oder erwiesen sein.

Schon kam der lange Zug der Übertreter aus einer Seitentür: Eidbrüchige und Totschläger, Giftmischer und Kindesmörderinnen, Wegelagerer und Falschmünzer. Sie alle legten die rechte Hand an die Kerze, bekannten ihre Schuld und traten dann an den Tisch des Schreibers. Er notierte ihre Namen und gab ihnen den Gnadenbrief mit, der sie zur (unverfolgten) Wiedergutmachung aufforderte.

Als Letzte trat eine Frau an die Kerze, deren Ehegatte sie bereits unter den Gläubigen und Schaulustigen erwartete. In der Hand hielt er eine Schriftrolle, auf der er dem Kaiser mitteilen wollte, dass seine Frau ohne Recht sein Erbarmen anrufe, weil er sie schon ihrer Vergehen überführt habe; sie leugne sie nur immer noch.

Die Menschen starrten auf die Frau im Büßergewand, die ihre Hände an die Kerze legte und stockend in die atemlose Stille sprach: »Ich beschuldige mich des Ehebruchs mit jenen Männern, die mir gefallen haben ...«

Plötzlich schrie sie: »Diese Gnade steht mir nicht zu!« Und blies die Flamme aus. Dann sprach sie mit geschlossenen Augen von dem Kind, das sie empfangen hatte, und dem Studenten ... Sie schloss: »Meine Schuld ist zu groß!«

Schließlich öffnete sie die Augen. Die Kerze brannte. Ihr Mann stand neben ihr. Er hatte sie mit seiner Schriftrolle entzündet.

Mit strenger Stimme fragte der Kaiser: »Wer bist du und wie wagst du es, meine Gnadenkerze von Neuem zu entzünden?«

Der antwortete: »Ich bin der Gatte dieser Frau. Mit der Anklageschrift gegen sie holte ich erneut das Licht von der Osterkerze.«

Da verneigte sich der Kaiser und verzieh: »Du hast richtig gehandelt – nach dem Beispiel Jesu Christi!«

52
EIN KORB OSTEREIER

»Wenn du Lust hast, begleite mich ein Stück«, sagte er zu mir. Ich tat ihm den Gefallen. Wir fuhren ungefähr 50 Kilometer vor die Stadt in ein großes, reiches Dorf. Vor einem behäbigen, weit ausladenden Bauernhof machte er halt. Es dauerte eine kurze Zeit, bis ihn der Besitzer empfing.

»Sie werden sich meiner nicht erinnern«, sagte der Fremde, »es war genau wie heute vor vielen Jahren am Ostersonntag. Ich kam damals in meiner größten Not zu Ihnen und bat Sie um ein Stück Brot.«

»Damals kamen viele«, sagte der Bauer.

»Eben. Aber *Sie* hatten ein gutes Herz. Sie gaben mir nicht nur das erbetene Stück Brot. Sie gaben mir auch zwei rote Ostereier dazu und ein kleines Stück Speck. Ich habe Ihnen das nie vergessen. Ich war damals am Ende meiner Kräfte. Ohne Sie wäre ich verhungert.«

»Ich kann mich nicht erinnern, aber es ist möglich«, sagte der Mann, ein wenig beschämt und beglückt zur gleichen Zeit, »es ist so lange her …«

Mein Freund nickte: »Ich hatte mir damals, als ich beschenkt von Ihrer Tür wegging, vorgenommen, es Ihnen eines Tages zu vergelten. Heute geht es mir wieder gut. Ich habe Ihnen darum einen ganzen Korb Ostereier mitgebracht und einen Osterschinken dazu – würden Sie mir die Freundlichkeit erweisen, diese Gabe als Zeichen meines Dankes entgegenzunehmen?« – Der Bauer stand verwirrt da.

Wir fuhren weiter mit dem Wagen in ein zweites Haus, nicht allzu weit vom ersten entfernt. Hier empfing uns die Hausfrau. »Am Ostersonntag vor wie viel Jahren?«, fragte sie, »nein, ich erinnere mich wirklich nicht – es war damals eine harte Zeit …«

»Aber Sie hatten ein weiches und gutes Herz«, sagte mein Freund, »Sie schenkten mir zwei rote Ostereier und ein großes Stück von Ihrem Osterbrot. Ich erinnere mich noch genau: Es waren Mandeln und Rosinen darin. Heute bin ich gekommen, Ihnen zu danken, was Sie seinerzeit Gutes an mir taten. Darf ich diesen Korb mit roten Ostereiern und einem Osterkuchen obenauf als kleines Zeichen meiner Dankbarkeit für Ihre Nächstenliebe auf den Tisch stellen?«

»Sie beschämen mich«, sagte die Frau und begann zu weinen.

Das ging so drei, vier Häuser weiter; beim siebenten Hof, wo wir vorfuhren – und ich sah noch eine Anzahl Körbe mit roten Ostereiern in seinem Wagen, wir waren also noch nicht am Ende –, fragte ich ihn verwundert: »Dir muss es in diesen Tagen gar nicht so schlecht gegangen sein, wenn du überall am Ostersonntag zwei Ostereier und hier ein Stück Speck, dort einen Kuchen und da wiederum ein Stück Wurst bekommen hast, alles an einem Tag, wie gut muss es dir da gegangen sein!«

Mein Freund hielt den Wagen an. »Es ging mir nicht besser als den anderen. An allen Türen, wo ich anklopfte, wurde ich barsch abgewiesen. Ich habe nicht ein einziges Osterei bekommen, geschweige ein Stück Brot oder Speck.«

»Überall dort, wo wir heute waren?«
»Genau in diesen Häusern. Genau von denselben Menschen.«
»Warum bringst du ihnen dann diesen Korb mit Eiern und ein anderes Geschenk obenauf und bedankst dich bei denen, die dir nicht halfen?«
Mein Freund lächelte leise. Er antwortete: »Wenn man den Menschen sagt, sie hätten einmal etwas Gutes getan, auch wenn sie sich nicht daran erinnern – so glauben sie gern daran, dass sie ihre gute Tat nur vergessen haben. Man kann ihnen einreden, gut gewesen zu sein. So etwas glaubt jeder gern. Und vielleicht tut er daraufhin heute oder morgen wirklich einmal etwas Gutes und hilft einem Menschen, der es nötig hat. Ist das nicht einen Korb Ostereier wert?«

53
AUS LEID WIRD HERRLICHKEIT

Es war einmal eine Frau, die hatte ein einziges Töchterchen, das war sehr klein und blass und anders als andere Kinder. Wenn sie spazieren gingen, dann blieben die Leute oft stehen und sahen dem Kind nach. Wenn dann das kleine Mädchen seine Mutter fragte: »Weshalb sehen die Leute mich so an?«, antwortete sie jedes Mal: »Weil du so ein wunderschönes Kleidchen anhast.« Dann war die Kleine zufrieden. Nach einiger Zeit wurde die Mutter krank und starb. Der Vater nahm sich nach einem Jahr eine andere Frau; die war schöner, jünger und reicher, aber nicht so gut wie die richtige Mutter. Sie ging auch oft spazieren, aber das kleine Mädchen nahm sie nie mit.

Endlich fasste es sich ein Herz und bat: »Nimm mich doch mit!« Aber die neue Mutter schlug es rundweg ab und sagte: »Du bist wohl nicht gescheit! Was sollen die Leute denken, wenn ich mich mit dir sehen lasse? Du bist ja ganz bucklig! Bucklige Kinder bleiben immer zu Hause!«

Da wurde das kleine Mädchen ganz still. Als die Mutter das Haus verlassen hatte, stellte es sich auf einen Stuhl und besah sich im Spiegel. Und tatsächlich, es war bucklig, sehr bucklig. Es setzte sich wieder hin und dachte. »Was mag da nur in meinem Buckel sein?«

Der Winter kam, da wurde das kleine Mädchen immer blasser und schwächer und schließlich starb es. Als es begraben war, kam ein Engel geflogen und klopfte an das Grab, als sei es eine Tür. Sofort kam das kleine Mädchen aus dem Grab heraus. Der Engel verkündete ihm: »Ich bin gekommen, um dich zu deiner Mutter in den Himmel zu holen!«

Das Mädchen fragte schüchtern: »Können denn auch bucklige Kinder in den Himmel?«

Da berührte der Engel seinen Rücken und sagte: »Gutes Kind, du bist gar nicht mehr bucklig!«

Und richtig, der alte, garstige Buckel fiel ab wie eine große hohle Schale. Was war darin? Zwei herrliche Flügel. Die spannte es aus, als hätte es schon immer fliegen gekonnt, und flog mit dem Engel durch den blitzenden Sonnenschein. Und im Himmel saß die gute Mutter und schloss es in ihre Arme.

54
BUNTE TÜCHER DER VERGEBUNG

Das ist der Inhalt eines alten amerikanischen Songs, der nach der Befreiung amerikanischer Geiseln im Jahr 1981 erneut weltweit bekannt wurde:
Die Entlassung eines Strafgefangenen nahte. Der Kontakt mit seinem Zuhause war immer spärlicher geworden. Würde man ihn wieder aufnehmen in die entbehrte Geborgenheit? Er hatte richtige Angst vor einer verneinenden Antwort. Er wollte dann erneut und sofort aufbrechen, für immer, und das Zuhause vergessen. Er bettelte um ein Zeichen: Hängt in den Apfelbaum auf dem Hügel, den man vom Zug aus am ehesten sieht, ein großes buntes Tuch zum Zeichen, dass ich heimkehren darf.
Er harrte in der Bahn gespannt. Er starrte in die Kurve. Da schoss plötzlich der Apfelbaum auf dem Hügel in seine Augen. Er war mit tausend bunten Tüchern behängt!
Sie blühten ihm restloses Verzeihen und willkommene Freude entgegen.

Offen sein für Überraschungen

55
EHRLICH WÄHRT AM LÄNGSTEN

Es war einmal ein alter Mann namens Abu Hassan. Der nahm vom Nagel an seiner Wand einen alten geflickten Kaftan und reichte ihn seinem Diener Ali: »Gehe in die Stadt und verkaufe ihn. Aber vergiss nicht, den Käufer darauf aufmerksam zu machen, dass dieser Kaftan Flicken hat!«
Der Diener ging zum Markt und verkaufte den Kaftan an einen reisenden Händler, der kurz darauf mit seiner Karawane weiterzog.
Freudig eilte Ali zurück zu seinem Herrn und zeigte ihm ein blinkendes Goldstück. Abu Hassan fragte: »Hast du den Käufer auch auf den Flicken aufmerksam gemacht?«
»Aber nein, Herr, so dumm bin ich nicht. Dann hätte ich nicht einmal die Hälfte bekommen.«
Der ehrliche Abu Hassan wurde böse und befahl: »Ali, lauf auf den Markt, suche den Käufer, sage ihm die Wahrheit.«

Aber Ali suchte ihn umsonst. Er erfuhr, dass die Karawane längst weitergezogen war. Als Abu Hassan das erfuhr, ließ ihm das Gewissen keine Ruhe. Er sattelte einen Esel und trabte hinter den Reisenden her. Darin hatte er schließlich den Käufer ausgemacht: »Guter Herr, ich bin hinter dir hergeritten und freue mich, dich gefunden zu haben.«

Verwundert fragte der Händler: »Was willst du von mir, da du einen solch beschwerlichen Weg zurücklegst?«

»Hast du in der Stadt einen Kaftan gekauft?«

»Ja, das habe ich!«

»Und hat dir der Diener gesagt, dass der Kaftan geflickt ist?«

»Nein, davon hat er nichts gesagt. Und ich selber habe es nicht gemerkt, weil ich sehr beschäftigt und in Eile war.«

»Der Diener war der meine, o Herr. Ich hatte ihm befohlen, einen Käufer auf den Flicken aufmerksam zu machen, aber er handelte gegen meinen Befehl und verschwieg es. Deshalb bin ich nun hinter dir hergeritten, um dir dein Goldstück zurückzugeben.«

Lange betrachtete der Käufer den ehrlichen Abu Hassan. Dann antwortete er: »Jetzt weiß ich den Fehler des Kaftans. Aber du weißt nicht den Fehler des Goldstücks. Merke wohl, es ist falsch; ich wollte dich nämlich betrügen. Doch durch deine Ehrlichkeit hast du mich beschämt. Deshalb verzeihe mir mein unschönes Vorhaben.«

Abu Hassan schaute sich das Goldstück lange an. Es war wirklich falsch. Der Händler aber hatte inzwischen ein anderes Goldstück aus dem Beutel geholt und gab es Abu Hassan. Dann sagte er: »Hier nimm, den Kaftan kaufe ich dennoch. Er soll mich daran erinnern, dass es immer noch Ehrlichkeit auf unserer Welt gibt.«

56

DER BAUM DER GOLDFRÜCHTE

Im fernen Indien geschah es einst, dass man einen Gauner aufgriff, der hartnäckig Mein und Dein verwechselte. Ihm drohte der Tod. Da bot er im Tausch um sein Leben den Häschern ein Geheimnis an: Nämlich wie Bäume gepflanzt werden, die goldene Früchte tragen!

Davon nun hörte der Mogul des Landes und der dachte bei sich, ein Versuch könne nicht schaden. Der Bösewicht wurde zu ihm gebracht und erklärte, er könne dieses Kunststück sofort vorführen. Er benötige nichts weiter als einen Klumpen Gold und eine Schaufel.

Der König überlegte einen Augenblick, dann sprach er: »Gut, ich will es mit dir versuchen. Falls alles so klappt, wie du sagst, lasse ich dich frei – im anderen Fall werde ich dich ohne Zögern hängen lassen.«

Am nächsten Morgen erschien der König mit seinem gesamten Hofstaat im Garten. Der Gauner verneigte sich tief vor der prachtvoll gekleideten Versammlung und sagte: »Großmächtiger Mogul, du wirst sehen, es ist alles ganz einfach: Ich werde nun ein Loch in den Boden graben, lege den Goldklumpen hinein und werde ihn sodann drei Tage lang mit drei Eimern Wasser begießen. Und du wirst erleben, wie dann ein Baum wächst, der nach weiteren dreimal drei Tagen die ersten drei goldenen Früchte trägt, die täglich neu wachsen und genau das Gewicht des gepflanzten Goldes haben.«

»Nun«, sprach der König, »was redest du so lange, geh an die Arbeit. Sind nach zwölf Tagen die ersten Früchte nicht zu sehen, dann marschierst du zum Galgen.«

»Oh, großer Mogul«, erwiderte der Dieb, »ich selber kann dies nicht bewirken. Denn merke: Die Hand, die das Gold pflanzt, darf nie unrechtes Gut berührt haben, sonst wirkt der Zauber nicht. Mir nützt also mein Wissen nichts. Du selber jedoch, großherziger Herrscher ...«
Des Königs Hand zuckte nach dem Spaten. Doch dann fielen ihm seine Taten im letzten Krieg ein.
»Ich weiß nicht recht«, sprach er nach einigem Nachdenken. »Das Land, das ich eroberte und meinem Reich einverleibte, nahm ich zwar mit dem Recht des Siegers, aber wer weiß, vielleicht kann auch eine solche Tat den Zauber ungünstig beeinflussen. Möge eine andere Hand die Schaufel ergreifen.«
Er winkte seinen Schatzmeister heran. Der aber wich zurück, anstatt näher zu treten. »Oh, großer Mogul«, wand er sich, so unverbrüchlich ehrlich ich stets dir gegenüber gewesen bin und auch dem Reich natürlich, so mag es doch sein, dass einmal – von mir unbemerkt – ein böser Zufall es zuließ, dass in deiner Schatzkammer ein Goldstück an meinen Schuhsohlen kleben blieb und auf diese Weise ...«
»Schon gut«, wehrte der Mogul ab. »Mein unbestechlicher Oberrichter des Reiches soll den Spaten ergreifen!«
Der hohe Richter erhob sich mit einer Verbeugung. »Nur zu gerne würde ich meinen Teil dazu beitragen, den Reichtum des Landes zu mehren. Doch ach, es geht nicht – ausgerechnet in diesem Augenblick beginnt ein wichtiger Prozess, den ich keinesfalls versäumen darf. Sagst du selbst nicht stets, die Gerechtigkeit dürfe man keinen Augenblick warten lassen?«
Da lächelte der König und sprach: »Eile nur und lass deinen Prozess nicht aus! Dann soll ...«

Und als er sich umsah, fand er sich allein mit dem Dieb und erblickte gerade noch die Letzten seines Hofstaates um die Palastecke hetzen. »So also ist das. Du hast uns eine gute Lehre erteilt, Dieb. Und da es mit dem Goldbaum nichts zu werden scheint, will ich mich mit der Moral begnügen. Nimm das Geld, Gauner, und gehe deiner Wege, aber lasse dich in meinem Reich nicht mehr sehen!«

57

DER NAGEL

Ein Kaufmann hatte auf der Messe gute Geschäfte gemacht, alle Waren verkauft und seine Geldkatze mit Gold und Silber gespickt. Er wollte jetzt heimreisen und vor Einbruch der Nacht zu Haus sein. Er packte also den Mantelsack mit dem Geld auf sein Pferd und ritt fort. Zu Mittag rastete er in einer Stadt. Als er weiterwollte, führte ihm der Hausknecht das Ross vor, sprach aber: »Herr, am linken Hinterfuß fehlt im Hufeisen ein Nagel.«

»Lass ihn fehlen«, erwiderte der Kaufmann, »die sechs Stunden, die ich noch zu machen habe, wird das Eisen wohl festhalten. Ich habe Eile.«

Nachmittags, als er wieder abgestiegen war und dem Ross Brot geben ließ, kam der Knecht in die Stube und sagte: »Herr, Eurem Pferd fehlt am linken Hinterfuß ein Hufeisen. Soll ich's zum Schmied führen?«

»Lass es fehlen«, erwiderte der Herr, »die paar Stunden, die noch übrig sind, wird das Pferd wohl aushalten. Ich habe Eile.«

Er ritt fort, aber nicht lange, so fing das Pferd zu hinken an. Es hinkte nicht lange, so fing es an zu stolpern, und es stolperte nicht lange, so fiel es nieder und brach ein Bein. Der Kaufmann musste das Pferd liegen lassen und zu Fuß nach Hause gehen, wo er erst spät in der Nacht anlangte.

»An allem Unglück«, sprach er zu sich, »ist der verwünschte Nagel schuld.«

Wie könnte die Geschichte weitergegangen sein ...? Andertags, als der Kaufmann in der Schenke einem alten Freund sein Missgeschick erzählte, nickte dieser vielsagend mit dem Kopf und meinte: »Was dir widerfuhr, kann für andere eine Warnung sein, solche Kleinigkeiten ernst zu nehmen. Aber hast du dabei nicht noch etwas anderes gelernt? Ist es nicht tröstlich zu wissen, dass wir auf solche Missstände aufmerksam gemacht werden? Wir müssen nur darauf hören.«

58

DIE ZAUBERMÜNZE

In einem kleinen Ort lebte ein Mann, der besaß eine alte, wertvolle goldene Münze. Eines Tages, als er seine Münze betrachtete und sich an ihrem Glanz erfreute, dachte er: Es ist doch schade, dass nur ich Freude an dieser Münze habe, und er ging hinaus auf die Straße und schenkte die Münze einem Kind.

Das Kind konnte sich gar nicht sattsehen an dieser Münze, es rieb sie an seinem Ärmel noch blanker und schaute sie immer wieder voller Freude an. Plötzlich dachte es sich: Ich will die Münze der Mutter bringen. Sie

hat so viele Sorgen, und nie reicht das Geld, sie wird sich freuen.
Natürlich war die Mutter glücklich über die Münze. Sie überlegte, was sie wohl als Erstes anschaffen sollte, da klingelte es, und vor ihrer Tür stand ein Bettler. Er tat ihr leid, er sah aus, als hätte er schon längere Zeit nichts mehr gegessen, und seine Kleidung war alt und schon an einigen Stellen durchlöchert, sicherlich hatte er auch keine Wohnung. Da schenkte sie ihm die Münze, denn der Mann war noch ärmer als sie.
Der Bettler konnte sein Glück nicht fassen. Er lief die Straße hinunter und wollte in das nächste Geschäft, sich etwas Essen zu kaufen. Neben der Ladentür saß ein anderer Bettler; der saß auf einem Brett, unter dem Rollen befestigt waren, denn er hatte keine Beine mehr. Da sagte sich der Bettler mit der Zaubermünze: Was geht es mir doch gut, immerhin kann ich laufen, ich kann von Haus zu Haus gehen und um ein Stück Brot bitten – und er schenkte die Münze dem Bettler ohne Beine.

59

CHRISTUS AUS DEM OZEAN

Wieder hatte ein Orkan viele Männer auf See den Tod finden lassen, auch den Schiffer Jean Leonel und seinen Sohn Désiré aus Saint-Valéry. Ihre Leichen wurden im großen Kirchenschiff aufgebahrt unter dem Gewölbe, an dem sie kurz zuvor als fromme Gabe an Maria einen Segler mit voller Takelage aufgehängt hatten.
Eines Tages entdeckten Kinder unter den vielen Wrackstücken, die an Land geschwemmt wurden, eine Gestalt,

die auf dem Meer schwamm: Es war ein Christus in Menschengröße, eine alte Arbeit, aus hartem Holz geschnitzt und mit natürlichen Farben bemalt. Um seine Stirn lag eine Dornenkrone, seine Füße und seine ausgebreiteten Hände waren durchbohrt. Aber die Nägel fehlten, ebenso die Balken. Die Kinder brachten den Corpus zum Pfarrer, und der freute sich, dass Christus mit ausgebreiteten Armen in das Küstendorf gekommen war, um die grausam geprüfte Gemeinde zu segnen.
Er bestellte sofort schöne Balken aus massivem Eichenholz, hängte den Heiland mit neuen Nägeln daran und richtete das Kreuz auf. Da sah man erst, dass seine Augen voller Barmherzigkeit waren.
Aber am nächsten Morgen waren alle überrascht, dass die Christusfigur ohne Kreuzesbalken auf dem Altar lag.
Sobald der Pfarrer Gewissheit hatte, dass niemand mit dem Kreuz in Berührung gekommen war, das Geschehen also ans Wunderbare grenzte, predigte er am folgenden Sonntag darüber und lud die ganze Gemeinde ein, durch ihre Spenden zur Herstellung eines neuen Kreuzes beizutragen, das schöner als das erste sein sollte und würdiger, den Erlöser der Welt zu tragen.
Die armen Fischer gaben so viel Geld, wie sie konnten; selbst die Witwen brachten ihre Ringe! So wurde ein herrlich schimmerndes Kreuz aus schwarzem Holz bestellt mit einem INRI in goldenen Buchstaben.
Zwei Monate später befestigte man die Christusfigur darauf – aber Jesus verließ es ebenso wie das erste Kreuz und legte sich noch in der Nacht auf den Altar.
Die Nachricht von diesem Wunder verbreitete sich in der ganzen Gegend. Jetzt kamen kostbare Spenden aus allen

Teilen des Landes, so dass ein Goldschmied innerhalb von zwei Jahren ein Kreuz aus Gold und Edelsteinen schuf, mit einem Herzen aus Diamanten, eigens von der Frau des Marineministers gestiftet.

Aber der Corpus entfloh wiederum dem kostbaren Kreuz und legte sich von Neuem auf das weiße Linnen des Altares.

Aus Angst, Christus erneut zu kränken, blieb er dort zwei Jahre so liegen – bis Pierre, ein harmloser, schwachsinniger junger Mann, zum Pfarrer gelaufen kam und berichtete, er habe am Strand das richtige Kreuz des Herrgotts gefunden. Sie fanden auch zwei mit Nägeln besetzte Bretter eines zerborstenen Schiffes, die das Meer lange mit sich gewälzt hatte und die tatsächlich ein Kreuz bildeten. Dann entdeckten sie zwei schwarz aufgemalte Buchstaben, ein J und ein L, und es konnte kein Zweifel bestehen, dass dies ein Überrest des Bootes von Jean Leonel war, der fünf Jahre zuvor mit seinem Sohn Désiré im Meer umgekommen war.

Wenn die Leute auch über den einfältigen Trottel lachten, der die gebrochenen Planken eines Schiffes für das Kreuz Christi gehalten hatte, so befahl der Pfarrer doch – nach einem Gebet für die Verstorbenen – die Wrackstücke auf die Schultern zu nehmen und in der Kirche abzulegen. Dann nahm er den Christus vom Altar, legte ihn auf die Bretter des Bootes und nagelte ihn eigenhändig mit den vom Meer zerfressenen Nägeln darauf fest.

Und der Christus aus dem Ozean löste sich nie mehr davon. Auf dem Holz wollte er offensichtlich bleiben, auf dem Menschen gestorben sind, die seinen Namen und den seiner Mutter angerufen hatten.

Seitdem hängt er dort. Und sein leicht geöffneter Mund scheint zu den Menschen zu sprechen: »Mein Kreuz ist gemacht aus allem Leiden der Menschen; denn ich bin ein Gott der Armen und Unglücklichen.«

60 IMMER NEU SUCHEN

In einer brasilianischen Gemeinde von Fischern stellte jemand die Frage: »Warum suchte Jesus einen Fischer wie Petrus aus, um ihm die Leitung der Kirche anzuvertrauen?«
Die Antwort: »Wer sich zu Land bewegt, baut eine Straße und asphaltiert sie. Dann wird er immer wieder diesen Weg benutzen. Ein Fischer aber sucht die Fische dort, wo sie sind. Deshalb sucht er jeden Tag einen neuen Weg. Ihm kommt es darauf an, die Fische ausfindig zu machen.
Es kann ja sein, dass der Weg von gestern nicht zu den Fischen von heute führt.«

61 MÄDCHEN MIT SCHWARZEN HAAREN

Der Tag ist hässlich. Grau, fast lichtlos, mit tief hängenden Regenwolken über der Stadt. Es nieselt. Im Autobus der Linie 12 herrscht Gedränge. Feuchtigkeit, aus Kleidern aufsteigend, macht die Luft schwer, stickig und dumpf. Das Mädchen hat dunkle Augen und ganz

schwarze Haare. Es ist vielleicht zwölf Jahre alt und hübsch.
In einer engen Kurve legt sich der Omnibus unvermutet schräg. Die Menschen, die für einen Augenblick keinen Halt finden, werden durchgeschüttelt. Plötzlich schreit eine Frau, die neben dem Mädchen steht: »Sie hat mich gestoßen! Sie hat mich geboxt, das freche Ding, das ausländische.« Die Frau um die fünfzig ist gut gekleidet. Die anderen Passagiere schauen betreten auf den Boden oder starren auf die von Feuchtigkeit beschlagenen Fensterscheiben.
»Unerhört ist so etwas.« Die Frau steigert sich sichtlich in die Wut. »Von diesem Ausländergesindel muss man sich herumschubsen lassen. Fahrer, bitte anhalten! Das freche Ding hat kein Recht, anständige Bürger zu belästigen. Es soll zu Fuß nach Hause gehen. Das muss sie dort, wo sie herkommt, auch tun. Fahrer, Sie sollen halten! Ich verlange, dass Sie die unverschämte Ausländergöre von der Weiterfahrt ausschließen.«
Die Leute neben ihr drehen sich zur Seite, verlegen, aber niemand sagt etwas. Nur das Mädchen setzt zum Sprechen an. Vielleicht will es etwas erklären oder sich für den unverschuldeten Anrempler entschuldigen. Doch nach dem Wutausbruch der Frau schweigt es auch. Mit großen, schwarzen Augen voller Angst und Ratlosigkeit starrt es auf die Schreiende.
»Ja, hilft mir denn niemand? Fahrer! So halten Sie doch endlich. Sie sollen die Ungezogene hinausweisen!«
Der Omnibus bremst. Haltestelle. Der Fahrer dreht sich um. Er schiebt die Dienstmütze in den Nacken, dass sein volles blondes Haar darunter hervorschaut. Er ist jung.

»Das Mädchen bleibt da«, sagt er kurz. »Es ist meine Tochter.«
Die Gesichtszüge der Frau scheinen sich zu versteinern. Das Wort hat sie getroffen wie ein Hieb. Sie ringt nach Luft. Dann springt sie in letzter Sekunde, nur einen Augenblick, bevor sich die Türen zischend schließen, aus dem Autobus.
An der Endhaltestelle kommt das Mädchen nach vorn zu dem Fahrer, nachdem die letzten Passagiere das Fahrzeug verlassen. »Danke«, sagt es.
»Ist schon gut.« Der Fahrer nimmt ihre Hand. Und dann lacht er sie voll an. »Ich habe tatsächlich eine Tochter. Ihr werdet ungefähr gleichaltrig sein, und sie hat fast so schöne Augen wie du.«

62

SO KÖNNEN DIE SICH ÄNDERN!

Zu einem Mann, der recht klug war, kam einmal ein Junge und sagte: »Ich verstehe mich mit meinen Eltern nicht mehr. Jeden Tag Streit. Sie sind so rückständig. Sie haben keinen Sinn für Modernes. Was soll ich machen? Ich laufe aus dem Haus!«
Der Mann antwortete: »Junger Freund, ich kann dich gut verstehen. Als ich so alt war wie du, waren meine Eltern genauso ungebildet. Es war nicht auszuhalten. Aber du musst Geduld mit den alten Leuten haben. Sie entwickeln sich langsamer. Nach zehn Jahren hatten sie schon so viel dazugelernt, dass man sich schon ganz vernünftig mit ihnen unterhalten konnte. Und was soll ich dir sagen?

Heute, nach zwanzig Jahren – ob du es glaubst oder nicht – wenn ich keinen Rat weiß, dann frage ich meine alten Eltern. So können die sich ändern!«

63

ZUERST SICH SELBST ÄNDERN

Vielleicht war der Anlass ihre kleine Rente, bestimmt aber ihre große Einsamkeit. Für ihren Ruhestand hatte Hermine so viele Ideen. Sie wollte reisen, lesen und Sprachen lernen. Aber irgendwie fehlte ihr dann letztendlich der Mumm. Außerdem machte es allein sowieso keinen Spaß. So endeten die wohl ersonnenen Ideen immer nur als Seifenblasen und die meiste Zeit des Tages verbrachte Hermine zu Hause.

Unlustig begann sie, Schränke und Schubladen auszuräumen, und dachte oft über ihre brüchige Existenz nach. Sie quälte sich grübelnd mit ungewissen Zukunftsängsten und freute sich über nichts.

Die Wende kam, als sie eines Tages auf dem Speicher stöberte und dort einen Karton vollgestopft mit Bilderrahmen fand. Ziemlich hilflos betrachtete Hermine den ganzen Plunder. Was um Himmels willen sollte ein Mensch mit Dutzenden von Bilderrahmen anfangen? Ihr Vater hatte sie aus Resten alter Profilleisten gezimmert und dann bemalt.

Da gab es edel aussehende gold- und silberfarbige, dazwischen blaue, rote und gelbe. Manche schimmerten in allen Farben des Regenbogens, andere wirkten verziert mit Pünktchen und Schmetterlingen sehr filigran.

Ich werde alles der Müllabfuhr mitgeben, war ihr erster Gedanke. Beim zweiten Nachsinnen fiel ihr die Nachbarin ein, die immer Kurioses für ihren Stand auf dem Trödelmarkt suchte.

Nach einer gemeinsamen Tasse Kaffee und der Betrachtung aller Umstände ließ Hermine sich zögerlich überreden, mit auf den Flohmarkt zu gehen und ihre eigenen Sachen dabei zu verkaufen. Aber wer kaufte schon leere Bilderrahmen?

Grübelnd lief Hermine durch ihre Wohnung, und als sie in der Diele am Spiegel vorbeikam, schaute ihr ein mürrisch-missmutiges Gesicht entgegen, das die Stirn in Ziehharmonikafalten gelegt hatte. Du liebe Zeit. So sah sie aus?

Ein Spruch ihrer stets gut gelaunten Mutter kam ihr in den Sinn – und mit einem Mal keimte eine zündende Idee in ihr auf. Sie wusste nun, wie sie die Bilderrahmen verwenden konnte.

Eilig schleppte sie alle Kartons ins Auto, fuhr zu einem Glaser und erklärte ihm, was sie brauchte. Danach eilte Hermine beschwingt zum nächsten Schreibwarengeschäft, kaufte große weiße Pappe und dicke schwarze Stifte. Für den Rest des Tages war sie begeistert, fast fieberhitzig bei der Arbeit.

Zwei Wochen später, beim großen Flohmarkt, half Hermine eifrig beim Aufbauen des Standes. Auf der einen Seite hatte die Nachbarin ihre Trödelsachen ausgebreitet, auf der anderen Tischhälfte baute Hermine Dutzende von großen und kleinen Spiegeln auf, alle in herrlich bunten Rahmen.

Und darüber prangte ein riesiges Pappschild:

Gott hat dir ein Gesicht gegeben, lächeln musst du selber. Kontrolliere es ab und zu.

Die Spiegel wurden ein Riesenerfolg und fanden reißenden Absatz. Zum ersten Mal seit vielen Wochen lächelte Hermine glücklich. Sie hatte etwas gefunden, was ihr Spaß machte und ungeahnte kreative Kräfte in ihr freisetzte.

Inzwischen ist sie bereits eifrig dabei, neue Ideen für den nächsten Flohmarkt zu sammeln.

64

FÜR ALLE OFFEN

Nach einer Weile kamen die gedankenlosen Jungfrauen mit den brennenden Lampen zurück und begannen, ans Tor zu klopfen. »Öffnet uns!«, riefen sie und baten, aber die verständigen Jungfrauen drinnen lachten. »Es geschieht euch recht«, antworteten sie, »jetzt ist das Tor geschlossen, geht eurer Wege.«

Doch sie weinten und baten: »Öffnet uns, öffnet!« Und da … Jesus hielt inne, er ließ seinen Blick über den greisen Dorfältesten, die Eingeladenen, die ehrbaren Frauen und Jungfrauen mit den brennenden Lampen gleiten und lächelte.

»Und da …?«, fragte Nathanael, der mit offenem Mund zuhörte und allmählich zu verstehen begann. »Und da, Rabbi, was geschah da?«

»Was würdest du tun, wenn du der Bräutigam wärst, Nathanael?«, fragte Jesus und richtete seine großen dunklen Augen auf ihn; Nathanael schwieg. Er sah noch nicht ganz klar, was er tun sollte. Teils wollte er sie fortjagen, das Tor war ja verschlossen, so gebot es das Gesetz; teils taten sie ihm leid, und er wollte ihnen öffnen …

»Was würdest du tun, Nathanael, wenn du der Bräutigam wärst?«, fragte Jesus von Neuem, und sein Blick fiel liebkosend und behutsam, eindringlich und bittend auf das gute, bescheidene Gesicht des Schuhmachers.

»Ich würde öffnen …«, sagte er leise, damit der Dorfälteste ihn nicht hören sollte. Er konnte seinem Blick nicht widerstehen.

»Recht getan, Nathanael«, sagte Jesus froh und streckte seine Hand aus, als ob er ihn segnete. »In dieser Stunde bist du lebendigen Leibes ins Paradies eingegangen. Das Gleiche tat auch der Bräutigam. Er rief den Dienern zu: ›Öffnet das Tor, dies ist eine Hochzeit, alle sollen essen und trinken und fröhlich sein! Lasst die gedankenlosen Jungfrauen hereinkommen und sich die Füße waschen. Denn sie sind weit gelaufen.‹«

65

DU HAST MICH ZUM LACHEN GEBRACHT

Einmal starb ein Ire ganz unverhofft. Nun stand er vor Christus. Der musste entscheiden, ob der Ire in den Himmel kommt oder nicht.

Noch viele Leute, große und kleine, waren vor dem Iren an der Reihe. Er bekam genau mit, was die Einzelnen vorzuweisen hatten und wie Jesus entschied.

Jesus schlug in einem dicken Buch nach und sagte zu dem Ersten: »Da steht: Ich hatte Hunger, und du hast mir zu essen gegeben. Bravo, ab in den Himmel!«

Zum Zweiten sagte er: »Ich hatte Durst, und du hast mir zu trinken gegeben!« – und zum Dritten: »Ich war krank, und du hast mich besucht! Bravo, ab in den Himmel, ihr beiden!«

Dann kam ein achtjähriger Junge. Zu dem sagte er: »Hier steht: Keiner wollte etwas mit mir zu tun haben. Du aber hast mich zum Mitspielen eingeladen. Bravo, ab in den Himmel!« Und zu einem zehnjährigen Mädchen sagte Jesus: »Hier steht: Alle haben mich beschimpft, du aber hast mich verteidigt! Bravo, ab in den Himmel!«

Bei jedem, der so in den Himmel befördert wurde, machte der Ire Gewissenserforschung, und jedes Mal kam ihm das Zittern. Er hatte keinem etwas zu essen gegeben oder zu trinken, und Kranke hatte er nicht besucht und Schwache nicht verteidigt. Wie würde es ihm ergehen, wenn er vor Jesus, dem König, stehen würde?

Und dann war er auch schon an der Reihe. Er blickte auf Jesus, der in seinem Buch nachschlug, und zitterte vor Angst. Dann blickte Jesus auf. »Da steht nicht viel geschrieben«, sagte er, »aber etwas hast du auch getan (und der Ire meinte zu beobachten, dass Jesus dabei schmunzelte!). Hier steht: Ich war traurig, enttäuscht, niedergeschlagen – und du bist gekommen und hast mir Witze erzählt. Du hast mich zum Lachen gebracht und mir Mut gegeben. Ab in den Himmel!«

Und der Ire machte einen Freudensprung durchs Himmelstor.

66
DER TRAURIGE REGENWURM

Es war einmal ein Regenwurm. Ganz oft lag er einfach so da und war traurig darüber, nur ein Wurm zu sein. Warum konnte er nicht ein Vogel sein? Oder ein Fisch? Oder ein Mensch? Jedes Wesen schien etwas Besonderes zu können, jedes schien mehr wert zu sein als ein einfacher Wurm.

Eines Tages kam ein Mädchen vorbei. Es sah den Wurm auf dem Boden und ergriff ihn.

Da wurde dem Wurm ganz anders, denn er dachte, dass nun sein letztes Stündchen geschlagen hatte.

Stattdessen legte das Mädchen den Regenwurm in ein Marmeladenglas. Dort fand er etwas Erde und einige Blätter und eigentlich war es in dem Glas ganz gemütlich, wenn auch etwas eng.

Am nächsten Tag nahm das Mädchen den Wurm mit in die Schule. Es wurde nach vorne gerufen, um ein Referat zu halten.

Mit offenem Mund hörte der Wurm nun das Mädchen über Regenwürmer sprechen. Wie sie lebten, wie wichtig sie seien und dass sie etwas ganz Einzigartiges könnten, nämlich aus Dreck und Unrat fruchtbare Erde machen. Es seien die Regenwürmer, die sicherstellten, dass im Boden immer wieder Neues wachsen kann.

Und als das Mädchen den Regenwurm am Abend wieder in den Garten setzte, war er der glücklichste Wurm der Welt.

67
DIE WUNDERPILLEN

Ein Arzt machte seine gewohnten Besuche bei seinen Patienten im Altenheim. Auch dieses Mal fiel ihm wieder, wie schon so oft, ein 96-jähriger Mann auf, der stets zufrieden und fröhlich war.

Heute sprach er ihn an und fragte nach dem Geheimnis seiner Freude. Strahlend antwortete der Alte: »Herr Doktor, ich nehme jeden Tag zwei Pillen ein!«

Daraufhin meinte der Arzt: »Zwei Pillen nehmen Sie täglich? Die habe ich Ihnen doch gar nicht verordnet.«

Verschmitzt lachte der Alte. »Das können Sie auch gar nicht, Herr Doktor. Am Morgen, wenn ich aufstehe, nehme ich gleich die Pille der Zufriedenheit, und am Abend, bevor ich einschlafe, nehme ich die Pille der Dankbarkeit. Diese beiden Pillen haben bisher ihre Wirkung noch nicht verfehlt.«

»Das will ich Ihnen gern glauben«, meinte der Arzt. »Ihr Rezept werde ich weiterempfehlen.«

Licht in dunkler Nacht

68
DIE KERZE

Einst formte ein Wachszieher eine Kerze. Wie jedes seiner Werke wurde auch diese Kerze zu etwas ganz Besonderem. Sie schimmerte leicht, war oben schmal und wurde nach unten hin immer breiter. Die Kerze wartete sehnsüchtig darauf, endlich angezündet zu werden.

»Ich verstehe nicht, warum du unbedingt brennen möchtest«, wunderte sich der Kerzenständer. »Sei doch froh, dass du möglichst lange die Gestalt behältst, die dir der Wachszieher gegeben hat.«

»Ach, weißt du«, sagte die Kerze, »ich muss einfach brennen, denn das entspricht meinem Wesen. Der Wachszieher wird sich schon etwas dabei gedacht haben, als er mir den Docht eingesetzt hat.«

Endlich war es so weit. Der Wachszieher zündete ein Streichholz an und entflammte den Docht. Als die Kerze anfing zu brennen, wurde die nähere Umgebung in helles Licht gehüllt. Glücklich ließ die Kerze ihr Flämmchen flackern und spürte, wie ihr Wachs warm wurde.

»Wie kannst du nur so sorglos brennen?«, fragte der Kerzenständer. »Je mehr du flackerst, desto schneller wird das Wachs schmelzen.«

»Ich weiß«, sagte die Kerze. »Aber das Flackern entspricht meinem Wesen. Der Wachszieher wird sich schon etwas dabei gedacht haben, als er mir den Docht zum Flackern überlassen hat.«

Da begann das Wachs zu schmelzen und die Kerze wurde langsam kleiner. Der schlanke Hals löste sich auf und die Flamme drang in das Innere der Kerze vor. Nun strahlte die Kerze von innen heraus und tauchte den Raum in ein warmes, gelbes Licht.

»Pass auf!«, warnte der Kerzenständer von Neuem. »Wenn du so weitermachst, wird bald nichts mehr von dir übrig sein.«

»Ich weiß«, sagte die Kerze wieder. »Aber diese Entwicklung entspricht meinem Wesen. Der Wachszieher wird sich schon etwas dabei gedacht haben, als er mir die Möglichkeit gegeben hat, die Flamme mit meinem Wachs zu nähren.«

»Dir ist nicht zu helfen«, brummelte der Kerzenständer, der fassungslos zusah, wie die Kerze bis zum Kerzengrund weiterbrannte. Als sie kein Wachs mehr hatte, um die Flamme zu erhalten, verlosch das Licht und ein kleines Rauchwölkchen stieg nach oben. »Ob das die Seele der kleinen Kerze war?«, murmelte der Kerzenständer. »So intensiv, wie die Kerze gelebt hat, kann es mit ihr doch jetzt nicht so einfach vorbei sein. Außerdem wird sich der Wachszieher wohl etwas dabei gedacht haben, als er das Fenster geöffnet hat, um den aufsteigenden Rauch ziehen zu lassen.«

69
DAS LICHT IN DIR

In einem fernen Land lebte ein weiser Mann, zu dem viele Menschen kamen und seinen Rat suchten. In seiner einsamen Hütte auf dem Berg stand immer eine brennende Kerze im Fenster und es ging das Gerücht, dass diese Kerze niemals verlöschen könnte. So machten sich viele Menschen auf, um sich Licht vom Weisen zu holen. Eines Tages kam ein alter Mann, dessen Frau gestorben war. Müde und einsam stieg er den Weg zur Hütte empor, seinen Blick stets auf das Licht im Fenster des Weisen gerichtet. »Ich komme zu dir, um deine Hilfe zu erbitten«, sprach der Alte, nachdem er die Hütte betreten hatte. »Mein Herz ist voller Traurigkeit. Ich habe die Freude verloren und in mir ist es finster. Gib mir von deinem Licht, vielleicht kann es mein Leben wieder heller machen.«
»Ich kann dir von meinem Licht geben«, sprach der Weise, »aber höre: Dieses Licht ist nur Abglanz des Lichtes, das *in dir* brennt. Du musst lernen, dieses innere Licht *in dir* wieder zu entdecken. Geh nach Hause und betrachte das Licht, sooft du kannst!« So tat der alte Mann und immer, wenn er vor seiner Kerze saß, dann kamen ihm viele Gedanken. Manchmal, da wurde seine Traurigkeit nur noch größer. Manchmal aber war er wirklich getröstet und froh. Eines Tages, als er wieder vor seiner Kerze saß und seinen Gedanken nachhing, war es ihm, als höre er die Worte: »Fürchte dich nicht. Hab Mut. Ich bin bei dir. Auch für dich wird alles gut!« Hatte jemand die Worte gesprochen oder hatte er sie sich nur eingebildet? Ganz gleich, wie es war, sie veränderten plötzlich sein Leben. Sie klan-

gen in seinem Herzen und er begann, das Leben wieder neu zu sehen.

Und als eines Tages die Kerze auf seinem Tisch heruntergebrannt war, da wusste er, dass er sie gar nicht mehr brauchte, weil das Licht nun in seinem Herzen brannte.

So wie dem alten Mann ging es vielen anderen Menschen, die den Weisen besuchten und sein Licht mitgenommen hatten. Eine Frau, die an einer schweren Krankheit litt, fasste wieder Mut und bekam die Kraft, ihr Leiden anzunehmen und nicht zu verzweifeln. Für ein Kind, dessen Eltern geschieden wurden, wurde die Kerze zum wichtigsten Freund, dem es allen Kummer erzählte und der ihm letztendlich half, die Traurigkeit und Einsamkeit zu überwinden. Ein Jugendlicher, der verzweifelt war, fand wieder neuen Sinn und Lebensmut. Warum und wie das wirklich geschah, das wusste keiner so genau. Aber vielleicht hatten auch sie die Worte vernommen: »Fürchte dich nicht. Hab Mut. Ich bin bei dir. Auch für dich wird alles gut!«

70

NIKOLAJS LEUCHTENDE AUGEN

Alexej ist mein Name, und du sollst mit dieser Geschichte eine der schönsten Stunden meines Lebens kennenlernen. Ich stamme aus Russland und war als 19-Jähriger mit dabei, als wir Flugblätter verfassten – gegen das Unrecht, das damals den Bauern in unserem Land zugefügt wurde. Aber es hat uns jemand verraten, und so wurden ich und die anderen in die Kälte Sibiriens verbannt.

Dort habe ich jahrelang in Eis und Schnee Bahngleise verlegt – quer durch das Land. Als sich eines Tages die Möglichkeit bot zu fliehen, war ich mit dabei. Aber wir wurden geschnappt und für unsere Flucht mit Dunkelhaft bestraft.
Zwei Wochen, so schätze ich, war ich schon in diesem dunklen Loch, zusammen mit einem anderen Gefangenen, Nikolaj war sein Name. Lange Gespräche hatten wir geführt, die menschlichsten Dinge des anderen mitbekommen, das karge Essen ehrlich geteilt. Wir lagen ganz eng beieinander, um den anderen zu wärmen, aber einander gesehen hatten wir noch nicht.
Eines Abends brachte heimlich ein Wärter, ein junger Kerl, der es gut mit uns meinte, Zündhölzer und eine Kerze – welch ein Geschenk zur Weihnachtszeit!
In der Nacht, als wir uns sicher waren, dass keiner kontrolliert, zündeten wir die Kerze an und schützten das Licht mit unseren Rücken gegen die Zellentür. Die Dunkelheit gewohnt, zündeten wir sie mit zusammengekniffenen Augen an und öffneten dann ganz langsam die Augen, damit sie sich an das Licht wieder gewöhnen konnten. Kein Mensch glaubt mir, wie unbegreiflich schön es ist, nach einer langen Dunkelheit wieder Licht zu sehen, das zarte, feine Licht einer Kerze.
Ein Licht, das im wahrsten Sinne des Wortes das Herz wärmt, und in diesem Licht das freudig strahlende Gesicht von Nikolaj.
Niemals mehr habe ich solch ein Licht gesehen und darin solch schön leuchtende Augen.

71
DIE APFELSINE DES WAISENKNABEN

Schon als kleiner Junge hatte ich meine Eltern verloren und kam mit neun Jahren in ein Waisenhaus in der Nähe von London. Es war mehr als ein Gefängnis. Wir mussten 14 Stunden am Tage arbeiten – im Garten, in der Küche, im Stall, auf dem Felde. Kein Tag brachte eine Abwechslung, und im ganzen Jahr gab es für uns nur einen einzigen Ruhetag: Das war der Weihnachtstag. Dann bekam jeder Junge eine Apfelsine zum Christfest. Das war alles. Keine Süßigkeiten. Kein Spielzeug. Aber auch diese eine Apfelsine bekam nur derjenige, der sich im Laufe des Jahres nichts hatte zuschulden kommen lassen und immer folgsam war. Diese Apfelsine an Weihnachten verkörperte die Sehnsucht eines ganzen Jahres.

So war wieder einmal das Christfest herangekommen. Aber es bedeutete für mein Knabenherz fast das Ende der Welt. Während die anderen Jungen am Waisenhausvater vorbeischritten und jeder seine Apfelsine in Empfang nahm, musste ich in einer Zimmerecke stehen und zusehen. Das war meine Strafe dafür, dass ich eines Tages im Sommer hatte aus dem Waisenhaus weglaufen wollen.

Als die Geschenkverteilung vorüber war, durften die anderen Knaben im Hofe spielen. Ich aber musste in den Schlafraum gehen und dort den ganzen Tag über im Bett liegen bleiben. Ich war tieftraurig und beschämt. Ich weinte und wollte nicht länger leben.

Nach einer Weile hörte ich Schritte im Zimmer. Eine Hand zog die Bettdecke weg, unter die ich mich verkrochen hatte. Ich blickte auf. Ein kleiner Junge namens Wil-

liam stand vor meinem Bett, hatte eine Apfelsine in der rechten Hand und hielt sie mir entgegen. Ich wusste nicht, wie mir geschah. Wo sollte eine überzählige Apfelsine hergekommen sein? Ich sah abwechselnd auf William und auf die Frucht und fühlte dumpf in mir, dass es mit der Apfelsine eine besondere Bewandtnis haben müsse. Auf einmal kam mir zu Bewusstsein, dass die Apfelsine bereits geschält war, und als ich näher hinblickte, wurde mir alles klar, und Tränen kamen in meine Augen, und als ich die Hand ausstreckte, um die Frucht entgegenzunehmen, da wusste ich, dass ich fest zupacken musste, damit sie nicht auseinanderfiel.
Was war geschehen? Zehn Knaben hatten sich im Hof zusammengetan und beschlossen, dass auch ich zu Weihnachten meine Apfelsine haben müsse. So hatte jeder die seine geschält und eine Scheibe abgetrennt, und die zehn abgetrennten Scheiben hatten sie sorgfältig zu einer neuen, schönen und runden Apfelsine zusammengesetzt.
Diese Apfelsine war das schönste Weihnachtsgeschenk in meinem Leben. Sie lehrte mich, wie trostvoll echte Kameradschaft sein kann.

72

NUR EINE KERZE

Wir fuhren nach Hannover zum Weihnachtsmarkt. Meine Mutter kam aus Dedensen. Ich aus Gehrden. Mein Neffe hatte hier einen Stand, den wollte Mutter sehen. Kaum stieg sie aus dem Bus, fing es an zu regnen. Kälte kroch unter die Jacke. Mit den Worten »Ich bin doch keine alte Frau« stülpte sich Mutter noch eine Plastikhaube über die Mütze.

Bald erreichten wir Markt und Stände. Mein Neffe bot Mutter Glühwein an, doch sie dankte höflich, aber bestimmt mit den Worten: »Ich muss erst mal sehen, was es hier sonst noch gibt.«

Wir zockelten so dahin. Wasser tropfte vom Schirm; es war ungemütlich. Nach einer Weile sagte Mutter: »Ich habe Hunger.« Vorbei an Kartoffelpuffern mit Apfelmus, Würstchen mit Sauerkraut und chinesischen Frühlingsrollen blieben wir an einem Pizzastand stehen. »Ja, eine Pizza wäre jetzt das Richtige.« Wir gingen in das Lokal gleich hinterm Markt. Da saßen wir gut und warm: Die Jacken trockneten und Pizza gab es auch. Und Oregano extra.

Als Mutter zahlen wollte – das ließ sie sich nicht nehmen –, schlug ich vor, dem Ober eine kleine Honigkerze zu schenken, die ich in größerer Menge in der Tasche hatte. »Kann man das machen? Was denkt er dann über mich? Ich könnte mich doch blamieren.« Zweifelnd willigte Mutter schließlich ein. »Soll ich ihm dann auch Trinkgeld geben?«

»Ich denke schon«, sagte ich.

Der Ober kam; Mutter rundete den Betrag auf und meinte: »Ich wohne außerhalb und werde wohl nicht wieder in Ihr Lokal kommen. Aber es hat mir so gut gefallen, dass ich Ihnen diese Kerze schenken möchte.«

Der Ober stutzte, drehte sich um, holte einen riesigen italienischen Kuchen aus dem Regal und stellte ihn mit den Worten »Frohe Weihnachten wünsche ich Ihnen auch« vor Mutter hin. Die nahm das Gebäck sprachlos in den Arm.

Der Ober ging, roch wieder und wieder den Honigduft und freute sich. Als wir draußen waren, sagte Mutter, noch immer bewegt: »Ich habe ihm doch nur eine Kerze geschenkt – was daraus werden kann.«

73

DER MÜRRISCHE HIRTE

In der Nacht, als Jesus geboren wurde, machte Josef sich auf den Weg. Auf dem Feld war ein Hirte, der zu sich selbst nie barmherzig gewesen war. Der sah den Mann kommen, der mitten in der Nacht von Haus zu Haus ging und um Feuer für seine Familie bat. Aber alle schliefen und niemand antwortete ihm.

Als der Mann näher kam, erwachten seine drei Schäferhunde und stürzten sich auf den Fremden. Jener rief sie nicht zurück, bemerkte aber erstaunt, dass ihnen die Kinnladen und scharfen Zähne nicht gehorchten; denn der Mann zeigte keine Wirkung, obwohl ein Hund nach seinem Bein schnappte, der zweite nach seiner Hand und der dritte sich sogar an seine Kehle hängte.

Nun war der Mann ganz nahe gekommen und sagte zu ihm: »Guter Freund, hilf mir und leih mir ein wenig Feuer. Meine Frau hat eben ein Kindchen geboren, und ich muss Feuer machen, um sie und den Kleinen zu wärmen.«

Da erwachte in dem Hirten wieder der alte Hass auf alles, was Mensch heißt, und weil er wusste, dass weit und breit kein Eimer oder eine Schaufel waren, worin die glühenden Kohlen hätten getragen werden können, deutete er aufs Feuer und sagte: »Nimm, so viel du brauchst!« Und er freute sich insgeheim, dass der Mann kein Feuer wegtragen konnte. Der aber beugte sich hinunter, holte die Kohlen mit bloßen Händen aus der Asche und legte sie in seinen Mantel. Und die Kohlen versengten weder seine Hände, noch brannten sie sich durch seinen Mantel. Der Mann trug das Feuer fort, als wenn es Nüsse oder Äpfel gewesen wären.

Als der mürrische Hirt das sah, wunderte er sich zutiefst: Was ist das für eine Nacht, in der die Hunde den Mann nicht beißen und das Feuer brennt, aber nicht verbrennt? Er rief den Fremden zurück und fragte: »Was ist das für eine Nacht, in der alles Barmherzigkeit zeigt?« Da gab der Mann zur Antwort: »Mit Worten kann ich das nicht sagen, du musst es selber wahrnehmen!« Und er ging seiner Wege.

Der Hirte aber wollte den seltsamen Mann nicht aus den Augen verlieren. Er musste erfahren, was das alles bedeutet. So stand er auf und ging ihm nach, bis er dorthin kam, wo der Fremde daheim war.

Da sah der Hirt, dass der Mann nicht einmal eine Hütte hatte, um darin zu wohnen. Er hatte seine Frau mit dem Kind in einer Berggrotte liegen, wo es nichts anderes gab als nackte, kalte Steinwände. Hier konnte das arme unschuldige Kind vielleicht erfrieren.

Da wurde die Seele des harten Mannes berührt, als er das Kind sah. Er löste seinen Ranzen von der Schulter und nahm ein weiches, leichtes weißes Schaffell heraus. Das gab er dem fremden Mann und sagte, er möge das Kind darunter betten.

In dem Augenblick traten Tränen in seine Augen. Er war selbst überrascht, dass er barmherzig sein konnte. Und plötzlich erwachte seine Seele; er konnte fühlen und ganz anders hören und sehen. Und er fiel auf die Knie – vor diesem Kind.

74
NUR EIN STROHHALM

Die Hirten sind gekommen und dann wieder gegangen. Vielleicht haben sie damals Geschenke mitgebracht, aber gegangen sind sie mit leeren Händen. Ich kann mir vorstellen, dass vielleicht ein Hirte, vielleicht ein ganz junger, etwas mitgenommen hat von der Krippe. Ganz fest in der Hand hat er es gehalten. Die anderen haben erst nichts gemerkt.

Bis auf einmal einer sagte: »Was hast du denn da in der Hand?«

»Einen Strohhalm«, sagte der, »einen Strohhalm aus der Krippe, in der das Kind gelegen hat.«

»Einen Strohhalm«, lachten die anderen, »das ist doch nur Abfall. Wirf das Zeug weg.«

Aber er schüttelte den Kopf. »Nein«, sagte er, »den behalte ich. Für mich ist er ein Zeichen, ein Zeichen für das Kind. Jedes Mal, wenn ich diesen Strohhalm in der Hand halten werde, dann werde ich mich an das Kind erinnern und daran, was die Engel von dem Kind gesagt haben.«

Und wie ist es mit dem Hirten weitergegangen damals? Am nächsten Tag, da fragten die anderen Hirten ihn: »Hast du den Strohhalm immer noch? Ja? Mensch, wirf ihn weg, wertloses Zeug ist das doch.«

Er antwortete: »Nein, das ist nicht wertlos. Das Kind Gottes hat darauf gelegen.«

»Na und?« lachten die anderen, »das Kind ist wertvoll, doch nicht das Stroh.«
»Ihr habt unrecht«, sagte der Hirte, »das Stroh ist schon wertvoll. Worauf hätte das Kind denn sonst liegen sollen, arm, wie es ist? Nein, mir zeigt das, Gott braucht das Kleine, das Wertlose. Ja, Gott braucht uns, die Kleinen, die gar nicht viel können, nicht viel wert sind!«
Ja, der Strohhalm aus der Krippe, der war dem Hirten wichtig. Wieder und wieder nahm er ihn in die Hand, dachte an die Worte der Engel, freute sich darüber, dass Gott die Menschen so lieb hat, dass er klein wurde wie sie.
Eines Tages aber nahm einer der andern Hirten den Strohhalm weg und schrie wütend: »Du mit deinem Stroh! Du machst mich ganz verrückt damit!«, und er knickte den Halm wieder und wieder und warf ihn zur Erde.
Der Hirte stand ganz ruhig da, hob den Strohhalm auf, strich ihn wieder glatt und sagte zu dem andern: »Sieh doch – er ist geblieben, was er war: ein Strohhalm. Deine ganze Wut hat daran nichts ändern können. Sicher, es ist leicht, einen Strohhalm zu knicken. Und du denkst: Was ist schon ein Kind, wo wir einen starken Helfer brauchen. Aber ich sage dir: Aus diesem Kind wird ein Mann, und der wird nicht totzukriegen sein. Er wird die Wut der Menschen aushalten, ertragen und bleiben, was er ist: Gottes Retter für uns. – Nein, Gottes Liebe ist nicht kleinzukriegen.«

75
DER WINZIG KLEINE STERN

Damals, zur Zeit, als Jesus geboren werden sollte, lebte im hintersten Himmelswinkel ein winzig kleiner weißer Stern. Wie alle anderen Sterne freute er sich, und so wie ihr konnte er Weihnachten kaum mehr erwarten. Eigentlich, so dachte er bei sich, könnte ich mich ja auf den Weg nach Bethlehem machen und über dem Stall leuchten. Dann freut sich das Kind, und alle Menschen nah und fern sehen, dass etwas Besonderes geschehen ist. Aber ich bin ja so klein … Weit kann ich allein nicht leuchten … Ich muss noch andere Sterne mitnehmen.
Und so machte sich der winzig kleine weiße Stern auf den langen Weg nach Bethlehem. Unterwegs traf er einen wunderschön leuchtenden großen, roten Stern. Dem erzählte er, was er vorhatte, und bat ihn mitzukommen.
»Gerne würde ich dich begleiten«, erwiderte der große rote Stern, »aber ich kann meinen Platz hier nicht verlassen. Du weißt, auf der Erde gibt es riesige Wüsten ohne Straßen und Wege. Alles sieht dort gleich aus. Tagsüber zeigt die Sonne den Menschen den Weg, nachts leuchte ich ihnen zur nächsten Oase. Wenn ich meinen Platz verlasse, verirren sie sich. Aber warte, ich werde dir etwas für das Kind mitgeben.« Der große Stern rüttelte und schüttelte sich und ein roter Strahlenregen ergoss sich über den winzig kleinen weißen Stern, der dadurch schon größer und rötlich funkelnd geworden war. »Vielen Dank«, sagte dieser, »ich will dein Geschenk gerne zum Kind nach Bethlehem bringen.« Und so zog der kleine rot funkelnde Stern weiter.

Nach einiger Zeit traf er einen großen, wunderschön gelb leuchtenden Stern. »Komm mit mir nach Bethlehem«, sagte der kleine Stern, »wir wollen zusammen über dem Stall leuchten.« »Ja«, antwortete der große gelbe Stern, »gerne würde ich mit dir ziehen, aber ich darf meinen Platz hier nicht verlassen. Die Zugvögel, die aus den kalten Ländern, wo jetzt Winter ist, in den warmen Süden fliegen, richten sich nach meinem Schein. Verlasse ich meinen Platz, müssen sie erfrieren. Aber warte, ich werde dir etwas für das Kind mitgeben. Und er rüttelte und schüttelte sich und ein goldener Strahlenregen ergoss sich über den kleinen Stern, der wiederum etwas größer wurde und nicht mehr nur rötlich, sondern rötlich gelb funkelte.

Und so zog er weiter, bis er einen riesigen blauen Stern traf und diesen, wie die beiden anderen auch, bat, ihn zu begleiten. Aber auch der blaue Stern durfte seinen Platz nicht verlassen, denn er leuchtete allen Seeleuten auf den Meeren. Aber auch er gab dem kleinen Stern als Geschenk für das Kind in der Krippe viele von seinen wunderschönen blauen Strahlen mit.

Unser winzig kleiner weißer Stern war nun durch die Geschenke der drei anderen zu einem großen, in allen Regenbogenfarben leuchtenden Stern geworden. Lang war sein Weg, aber endlich kam er in Bethlehem an. Er fand den Stall mit dem Kind. Voller Freude schüttelte und rüttelte er sich, so dass die roten, gelben und blauen Strahlen der großen Sterne nur so funkelten und sprühten. Der armselige Stall leuchtete in diesem himmlischen Sternenlicht in sämtlichen Regenbogenfarben und war schöner als alle Königspaläste der Welt. Das Kind aber lachte vor Freude, und von nah und fern eilten die Menschen

herbei, um zu sehen, was geschehen war. Als der Stern alle geschenkten Strahlen versprüht hatte, dachte er bei sich: »Nun bin ich zwar wieder winzig klein und weiß, aber das Kind hat sich gefreut, und die Menschen haben gespürt, dass etwas ganz Einmaliges geschehen ist.«
Als er aber an sich heruntersah, merkte er, dass er zwar wieder weiß, aber nicht mehr winzig klein, sondern so groß wie der rote, gelbe und blaue Stern geworden war, und außerdem hatte er einen prächtigen Schweif bekommen.

76

GETEILTES LICHT BRENNT HELLER

Es war einmal ein Mann. Er besaß ein Haus, einen Ochsen, eine Kuh, einen Esel und eine Schafherde.
Der Junge, der die Schafe hütete, besaß einen kleinen Hund, einen Rock aus Wolle, einen Hirtenstab und eine Hirtenlampe.
Auf der Erde lag Schnee. Es war kalt, und der Junge fror. Auch der Rock aus Wolle schützte ihn nicht.
»Kann ich mich in deinem Haus wärmen?«, bat der junge Mann. »Ich kann die Wärme nicht teilen. Das Holz ist teuer«, sagte der Mann und ließ den Jungen in der Kälte stehen. Da sah der Junge einen großen Stern am Himmel.
»Was ist das für ein Stern?«, dachte er.
Er nahm seinen Hirtenstab, seine Hirtenlampe und machte sich auf den Weg.
»Ohne den Jungen bleibe ich nicht hier«, sagte der kleine Hund und folgte seinen Spuren.

»Ohne den Hund bleiben wir nicht hier«, sagten die Schafe und folgten seinen Spuren.
»Ohne die Schafe bleibe ich nicht hier«, sagte der Esel und folgte ihren Spuren.
»Ohne den Esel bleibe ich nicht hier«, sagte die Kuh und folgte seinen Spuren.
»Ohne die Kuh bleibe ich nicht hier«, sagte der Ochse und folgte ihren Spuren.
»Es ist auf einmal so still«, dachte der Mann, der hinter seinem Ofen saß. Er rief nach dem Jungen, aber er bekam keine Antwort. Er ging in den Stall, aber der Stall war leer. Er schaute in den Hof hinaus, aber die Schafe waren nicht mehr da.
»Der Junge ist geflohen und hat alle meine Tiere gestohlen«, schrie der Mann, als er im Schnee die vielen Spuren entdeckte.
Doch kaum hatte der Mann die Verfolgung aufgenommen, fing es an zu schneien. Es schneite dicke Flocken. Sie deckten die Spuren zu. Dann erhob sich ein Sturm, kroch dem Mann unter die Kleider und biss ihn in die Haut. Bald wusste er nicht mehr, wohin er sich wenden sollte. Der Mann versank immer tiefer im Schnee. »Ich kann nicht mehr!«, stöhnte er und rief um Hilfe.
Da legte sich der Sturm. Es hörte auf zu schneien, und der Mann sah einen großen Stern am Himmel. »Was ist das für ein Stern?«, dachte er.
Der Stern stand über einem Stall, mitten auf dem Feld. Durch ein kleines Fenster drang das Licht einer Hirtenlampe.
Der Mann ging darauf zu. Als er die Tür öffnete, fand er alle, die er gesucht hatte, die Schafe, den Esel, die Kuh, den Ochsen, den kleinen Hund und den Jungen.

Sie waren um eine Krippe versammelt. In der Krippe lag ein Kind. Es lächelte ihm entgegen, als ob es ihn erwartet hätte.
»Ich bin gerettet«, sagte der Mann und kniete neben dem Jungen vor der Krippe nieder.
Am anderen Morgen kehrten der Mann, der Junge, die Schafe, der Esel, die Kuh, der Ochse und auch der kleine Hund wieder nach Hause zurück.
Auf der Erde lag Schnee. Es war kalt. »Komm ins Haus«, sagte der Mann zu dem Jungen, »ich habe Holz genug. Wir wollen die Wärme teilen.«

77

DIE VIELEN KLEINEN STERNE DER LIEBE

Eine alte Legende erzählt: Als die Weisen Bethlehem verließen, da blickten sie auf der Anhöhe vor der Stadt nochmals zurück. Sie sahen ein wunderbares Schauspiel: Der Stern, der sie zur Krippe geführt hatte, zersprang in tausend und abertausend kleine Sterne, die sich über die ganze Erde verteilten. Die Weisen wussten nicht, was das zu bedeuten hatte.
Auf ihrem Weg kamen sie an eine Wegkreuzung und fragten einen Fremden, welche Richtung sie einschlagen sollten. Der gab ihnen freundlich Auskunft. Über seinem Kopf sahen sie ein Sternchen leuchten.
Als sie am Abend in der Herberge waren und vom Herbergswirt aufmerksam bedient wurden, leuchtete auch über dessen Kopf ein Sternchen.
Jetzt begriffen sie das Schauspiel, das sie auf der Anhöhe über Bethlehem erlebt hatten: Überall, wo ein Wort der

Liebe gesagt, wo eine Tat der Liebe getan wird, da leuchtet der Stern von Bethlehem, ein kleiner Stern der Liebe …

QUELLENNACHWEIS

Trotz intensiver Bemühungen ist es uns nicht gelungen, alle Rechteinhaber zu ermitteln. Wir bitten diese daher um Verständnis, wenn wir gegebenenfalls erst nachträglich eine Abdruckhonorierung vornehmen können.

1 Armin Kaupp © Rechte beim Autor.
2 Ulrich Peters © Rechte beim Autor.
3 Anna Fynn, aus: »Hallo Mister Gott, hier spricht Anna«. Scherz Verlag, Bern und München 1975. Alle Rechte vorbehalten S. Fischer Verlag GmbH, Frankfurt am Main.
4 Gerald G. Jampolsky.
5 Verkürzt nach Erik von den Borne.
6 Maura Denzel, gefunden in: Kirchenzeitung Köln 46/00, 17. November, S. 16.
7 Nach Paul Jakobi, Damit die Botschaft unser Herz erreicht. Die Evangelien der Sonntage und Hochfeste durch Erzählungen, Gedichte und aktuelle Beispiele erschlossen © Matthias-Grünewald-Verlag, Mainz (jetzt: Matthias-Grünewald-Verlag der Schwabenverlag AG, Ostfildern), 2. Auflage 1996.
8 Gekürzt nach L. Tetzner, Oschoo, aus: Braun (Hg.) Japanische Märchen, Leyden 1909.
9 Thomas Fröhling © Literatur- und Pressebüro Fröhling, Sölden.
10 Monika Endres © Rechte bei der Autorin.
11 Nach Joachim Gerhardt in Rhein-Erft-Rundschau vom 17.3. 2007.
12 Monika Endres © Rechte bei der Autorin.
13 Wolfgang Longardt, gefunden in: Märchen aus fremden Ländern. Walter Ruppert Co. KG, Füssen.
14 Genaue Quelle unbekannt.
15 Petra Hillebrand, Kurzgeschichten für Feiern und Gottesdienste. Taufe, Hochzeit, Beerdigung, 3. Auflage © Tyrolia-Verlag Innsbruck 2013.

16 Aus: Norbert Lechleitner, Oasen für die Seele, S. 17f. © Verlag Herder GmbH, Freiburg im Breisgau, 1. Auflage 2009.
17 Leo Tolstoi.
18 Paul Bourfeind © Rechte bei Irene Gayda-Jäger.
19 Aus: Peter Horton/Kurt Schubert, Über den Wassern zu singen, S. 20 © Rosenheimer Verlagshaus GmbH & Co. KG, 1990, Rosenheim (Titel der Geschichte von W. Hoffsümmer).
20 Aus der jüdischen Tradition.
21 Lothar Zenetti, Manchmal leben wir schon © Paulinus Verlag GmbH, Trier.
22 Aus: Anthony de Mello, Meditieren mit Leib und Seele. Neue Wege der Gotteserfahrung. Übersetzt von Martin Kämpchen © Neuausgabe 2008 Butzon & Bercker GmbH, Kevelaer, S. 113ff, www.bube.de.
23 Aus dem Internet. Genaue Quelle unbekannt.
24 Willi Hoffsümmer, Starthilfen für dich, Matthias-Grünewald-Verlag, Mainz 1978, S. 20f.
25 Aus: Tania Konnerth, Aus der Schatzkiste des Lebens, Geschichten, die ein Lächeln schenken, S. 24f. © Verlag Herder GmbH, Freiburg im Breisgau, Neuausgabe 2012.
26 Originaltitel: Das Leben. Aus: Heribert Haberhausen, Geschichtenbuch Religion Band 1, Sekundarstufe I, Patmos Verlag GmbH, Düsseldorf © Rechte beim Autor.
27 Genaue Quelle unbekannt.
28 Maria Lorentz, aus: M. Behnke/M. Bruns/R. Ludwig, Kinder feiern mit. Lesejahr A. Bernward Verlag Hildesheim © Rechte bei der Autorin.
29 Gerhard Branstner.
30 Aus: Norbert Lechleitner, Flügel für die Seele, S. 31 © Verlag Herder GmbH, Freiburg im Breisgau, 6. Gesamtauflage 2003.
31 Reinhold Stecher, Augenblicke © Tyrolia-Verlag, Innsbruck 2. Auflage 2005.
32 Reinhard Abeln © Rechte beim Autor.
33 Nach einem mittelalterlichen Märchen.
34 Josef Osterwalder, Von Senf- und Samenkörnern. 25 fast biblische Geschichten. © Matthias-Grünewald-Verlag, Mainz 1977.

35 Aus: Pierre Lefevre, Aus dem Leben lernen, Große Wahrheiten in kleinen Geschichten, Taschenbuch 1993, S. 220, Johannes Verlag, Leutesdorf, Rechte beim Autor.
36 Ursula Berg, Wuppertal © Rechte bei der Autorin.
37 Nach Hermann-Josef Coenen.
38 Shelly Mc. Guire, übersetzt aus dem Amerikanischen von Margret Vogt, Düsseldorf.
39 Genaue Quelle unbekannt.
40 Ilse Stachinger, Salzburg.
41 Aus: Norbert Lechleitner, Flügel für die Seele, S. 61 © Verlag Herder GmbH, Freiburg im Breisgau, 6. Gesamtauflage 2003.
42 Ursula Berg, Wuppertal © Rechte bei der Autorin.
43 Paulo Coelho, Der Dämon und Fräulein Prym. Aus dem Brasilianischen von Maralde Meyer-Minnemann. Copyright der deutschsprachigen Ausgabe © 2001, 2007 Diogenes Verlag AG, Zürich.
44 Aus Korea.
45 Gisela Baltes © Rechte bei der Autorin.
46 Hans Künzler, in: Orientierung 39 (1975), S. 73. © Redaktion Orientierung.
47 Aus: Gerlinde Lohmann, Kindergottesdienste, Mit Symbolen den Glauben feiern, S. 77f. © Verlag Herder GmbH, Freiburg im Breisgau, 1. Auflage 2006.
48 »Gott verzeiht mir immer …, aus: Lichtsekunden [A], Dominikanische Predigten zum Lesejahr A, hrsg. von Rudolf Stertenbrink, S. 205f. © Verlag Herder, Freiburg im Breisgau, 2. Auflage 1998.
49 Quelle unbekannt.
50 Ervin Seale.
51 Aus: Werner Bergengruen, Die Ostergnade, Berlin, Verlag Die Rabenpresse 1933 © mit freundlicher Genehmigung des Werner-Bergengruen-Archivs, Dr. Luise Hackelsberger, Neustadt/Weinstraße.
52 Jo Hanns Rösler © Christine Schmitt, Rösler-Haus, Fischbachau.
53 Nach Richard von Volkmann-Leander, Das kleine bucklige Mädchen, aus: ders., Träumereien an französischen Kaminen.
54 Nach einem bekannten amerikanischen Song.
55 Katrin Martin © Rechte bei Agentur Kinder-Kinder, Sölden.

56 Katrin Martin © Literatur- und Pressebüro Fröhling, Sölden.
57 Erster Teil: Märchen der Brüder Grimm.
58 Nach einer Geschichte von Karl Tilke.
59 Stark verkürzt nach einem gleichnamigen Bericht von Anatole France, in: Moderne französische Erzähler. Übersetzt von Ulrich Friedrich Müller © Langewiesche-Brandt KG Verlag, Ebenhausen bei München.
60 Missio aktuell.
61 Nach Helmut Hochrain.
62 Nach Mark Twain.
63 Ursula Berg, Wuppertal © Rechte bei der Autorin.
64 Aus: Nikos Kazantzakis, Die letzte Versuchung © 1988 by F.A. Herbig Verlagsbuchhandlung GmbH, München. Aus dem Neugriechischen von Werner Kerbs.
65 Gefunden in: PuK 6/80, S. 786. Nach Heribert Arens, nacherzählt und ausgeschmückt nach A. Luciani: Ihr ergebener Albino Luciani, Zürich/Wien 1978.
66 Aus: Tania Konnerth, Aus der Schatzkiste des Lebens, Geschichten, die ein Lächeln schenken, S. 96f. © Verlag Herder GmbH, Freiburg im Breisgau Neuausgabe 2012.
67 Quelle unbekannt.
68 Petra Hillebrand, Kurzgeschichten für Feiern und Gottesdienste. Taufe, Hochzeit, Beerdigung, 3. Auflage © Tyrolia-Verlag Innsbruck 2013.
69 Marianne Pichlmann © Rechte bei der Autorin.
70 Norbert Possmann, aus: Wenn Engel mit den Sternen spielen. Hg. von Berthold Weckmann. Butzon & Bercker + Klens Verlag, 1996, S. 31 f. © Rechte beim Autor.
71 Quelle unbekannt.
72 Hannelore Hagedorn © Rechte bei der Autorin.
73 Frei nach der Legende »Die Heilige Nacht« von Selma Lagerlöf.
74 Helmut Siegel. Rechte beim Autor.
75 Ursula Möltner © Rechte bei der Autorin.
76 Max Bolliger, Eine Wintergeschichte (= Originaltitel!), in: ders., Ein Duft von Weihrauch und Myrrhe. Weihnachtslegenden. © 2009 Verlag am Eschbach der Schwabenverlag AG, Eschbach/Markgräflerland.
77 Nach einer alten Legende.